科学。奥妙无穷 ▶

李应辉 编著

不为人知的
奥运百科
AOYUNBAIKE

中国出版集团
现代出版社

目 录

目

录

● 奥运史话

奥林匹克运动会（简称奥运会）是国际奥林匹克委员会主办的包含多种体育运动项目的国际性运动会，每4年举行一次。奥林匹克运动会起源于古希腊，因举办地在奥林匹亚而得名。奥林匹克运动会现在已经成为了和平与友谊的象征，它是一种融体育、教育、文化为一体的综合性、持续性、世界性的活动，也是一种文化的传播体现，这样的传播在奥运会中能得到充分的展示。

古代奥运会 〉

　　古希腊人于公元前776年规定每4年在奥林匹亚举办一次运动会，这是为了和平和表示尊重奥林匹克众神（即古希腊神话里的宙斯等神）。当时各个城邦有他们自己计算年份的方法，并没有一个共通的纪元。但是各城邦之间每年度最重要的大事就是希腊的大运动会。这些运动会一共有4种：奥林匹克、匹西亚、尼米亚与伊斯米亚运动会。这4个运动会以奥林匹克为首，依照顺序分别在4个地点举行，这样形成的一个4年周期，称为奥林匹克周期，成为城邦之间计算年份的方法。

运动会举行期间，全希腊选手及附近的百姓相聚于奥林匹亚这个希腊南部风景秀丽的小镇。公元前776年在这里举行第一届奥运会时，多利亚人克洛斯在约192米的短跑比赛中取得冠军，成为古代奥林匹克运动会荣获第一个项目第一个桂冠的人。后来，古希腊运动会的规模逐渐扩大，并成为显示民族精神的盛会，比赛的优胜者获得用橄榄枝等编织的花环等。

从公元前776年开始，到公元394年止，历经1168年，共举行了293届古代奥林匹克运动会。公元394年奥林匹克运动会被罗马皇帝狄奥多西一世禁止。

有关古代奥运会起源的传说

有关古代奥运会起源的传说有很多，最主要的有以下两种：一是古代奥林匹克运动会是为祭祀宙斯而定期举行的体育竞技活动，另一种传说与宙斯的儿子赫拉克勒斯有关。赫拉克勒斯因力大无比获"大力神"的美称。他在伊利斯城邦完成了常人无法完成的任务，不到半天工夫便打扫干净了国王堆满牛粪的牛棚，但国王不想履行赠送 300 头牛的诺言，赫拉克勒斯一气之下赶走了国王。为了庆祝胜利，他在奥林匹亚举行了一场盛大的运动会。之后便有了奥运会。

不为人知的奥运百科

创始人 ＞

古代奥林匹克运动会的创始人是伊菲图斯。他是希腊一个边陲城邦——伊利斯城邦的国王。当时，希腊正在饱受瘟疫和战乱之苦，为了抗击瘟疫、期盼和平，伊菲图斯征求了神谕，并于公元前776年宣告，根据神的旨意在奥林匹亚举行体育比赛，第一届古代奥运会就这样举行了。在公元前9世纪末伊菲图斯统治伊利斯时，奥林匹亚已出现宗教与体育竞技结合的祭典。伊菲图斯努力使这种宗教性的祭典成为全伯罗奔尼撒的体育竞赛。他不仅革新宗教仪式，还组织大规模的体育竞技活动，并决定每4年举行一次。他还于公元前884年与斯巴达和皮沙城邦签定《神圣休战条约》，规定奥运会举行期间，交战双方都必须宣布停战，准备参加奥林匹克运动会。古代第一次奥运会就是在这样的条件下于公元前776年在奥林匹亚举行。

古奥运盛况 ＞

古代奥运会不仅是一种竞技大会，在它延续的一千多年里，实际上还是古希腊人的一个全国性节日。

"神圣休战"宣布之后，成千上万的人向奥林匹亚拥去。在那里，各城邦的代表参加祭祀活动和游行；政治使节缔结条约；艺术家展出作品；学者和教师研讨学术；雄辩家发表演说；商人展售商品；人们穿着最华贵的衣服，戴着最珍奇的珠宝，彼此炫耀自己的富裕。

各城邦派出的优秀选手则在竞技场上奋勇拼搏，他们赤身裸体进入赛场，向神和观众展示他们超人的体能、健美的身体和良好的教养。

发起和兴盛 ＞

公元前 776 年至公元前 388 年，伯罗奔尼撒的统治者伊菲图斯努力使宗教与体育竞技合为一体。公元前 776 年的古代奥林匹克运动会被正式载入史册，成为古代奥运会的第一届。参加第一届古代奥运会的仅有 3 个国家——伯罗奔尼撒、伊斯利和斯巴达。当时仅有一个比赛项目，即距离为 192.27 米的场地跑。

这一时期各城邦之间虽有纷争，但希腊是一个独立的国家，政治、经济、文化都较发达，是运动会的黄金时期。特别是公元前 490 年，希腊雅典在马拉松河谷大败波斯军之后，民情奋发，国威大振，兴建了许多运动设施、庙宇等，参赛者遍及希腊各个城邦，奥运会盛极一时，成为希腊最盛大的节日之一。

11

衰落 〉

公元前388年至公元前146年，由于斯巴达和雅典长期的伯罗奔尼撒战争（公元前431年至公元前404年），希腊国力大减，马其顿逐渐吞并了希腊。马其顿君王菲利普还亲自参加了赛马。随后的亚历山大大帝虽自己不喜爱体育活动，但仍积极支持奥运会，并视奥运会为古希腊的最高体育活动开幕式，为其增添设施。不过，这一时期古奥运会精神已大为减色，并开始出现职业运动员。

消亡 >

公元前146年至公元394年，古奥运会渐渐走向消亡阶段。罗马帝国统治希腊后，起初虽仍举行运动会，但奥林匹亚已不是唯一竞赛地了。如公元前80年第175届奥运会，罗马皇帝就把优秀竞技者召集在罗马比赛，而奥林匹亚只举行了少年赛。这时职业运动员已开始大量出现，奥运会成了职业选手的比赛，希腊人对此失去了兴趣。393年罗马皇帝狄奥多西一世宣布基督教为国教，认为古奥运会有违基督教教旨，是异教徒活动，翌年宣布废止古奥运会。395年，拜占庭人与歌德人在阿尔菲斯河发生激战，使奥林匹亚各项设施毁失殆尽。426年，狄奥多西二世烧毁了奥林匹亚建筑物的残余部分。511年、522年接连发生的两次强烈地震，使奥林匹亚遭到了彻底毁灭。从此举办了1000余年的古奥运会不复存在，繁荣的奥林匹亚变成了一片废墟。

13

复苏 〉

15世纪开始，教育家们开始提倡幸福和健康的生活方式。17世纪，英国人洛克的"绅士教育"提出建立"德、智、体"三育体系的构想，法国人卢梭建议通过游戏学习。1766年，英国考古学家在勘察中发现了古代奥运会遗址。至1881年，大量有关古代奥运会的珍贵文物和史料被发现，引起了全世界的兴趣。1858年，希腊发布了《奥林匹克令》，并于1859年10月1日在雅典举办了第一届泛希腊奥林匹克运动会。

1889年7月，在法国巴黎召开的国际田径代表大会上，后来被人尊称为"现代奥林匹克之父"的法国教育家顾拜旦首次公开了他恢复奥运会的设想。1891年1月，顾拜旦以法国田径协会联合会秘书

长的身份，向全世界几乎所有体育组织和俱乐部发出邀请——参加于1894年6月16日在法国巴黎索邦神学院召开的国际体育运动代表大会，此次大会为第一届奥林匹克代表大会。会议召开一个星期后，即6月23日，大会通过了成立国际奥林匹克委员会的决议，而6月23日也就成了"国际奥林匹克日"。当时，顾拜旦成为首任秘书长。大会决定在1896年召开首届现代奥运会，希腊的历史名城雅典获得主办权。

1896年4月6日至4月15日，希腊雅典举办了第1届现代奥运会。

竞赛章程 〉

公元前561年,古希腊哲学家卓罗斯为古代奥运会起草了一份竞赛章程,章程上的有关规定一直是奥运会必须遵守的规则。

1. 竞技赛会的组织者由奴隶主贵族的代表人物——地方官员和宗教头面人物具体负责,他们有权决定运动员和观众的资格。

2. 竞技赛会的仲裁委员会由宙斯神殿中的专职祭司和经过选举产生的裁判人员共同担任。

3. 凡在比赛中贿赂裁判或行为不检点的人要被罚以巨款。

4. 竞技比赛只能在个人之间进行,不能在团体之间进行。

5. 竞技者必须两代以上是纯希腊人,必须在政治上、道德上、宗教上、法律上没有污点,其身份必须得到裁判员的证明。

6. 女子不能参加和参观比赛,违者将被处死。

教练与裁判 >

• 教练员

　　古代奥运会的教练员是从效忠城邦和富有战斗经验的老战士中挑选出来的，他们大多在大型竞技会上获得过优胜，并在文化知识、道德修养、医疗保健、营养卫生、训练方法以及心理学等方面有较高水平，因而深受人们的尊敬和信赖。

　　许多教练员都把古希腊著名医学家和养生家的理论广泛地运用到运动训练中，帮助运动员在大运动量的训练和比赛后，体力得到尽快恢复，以利于提高运动员素质，创造优异成绩。

　　教练员还要努力把竞技者培养成沉着、冷静、善于控制自己的选手，以便应付竞技场上出现的各种情况。其训练和管理极为严格。

• 裁判员

　　古代奥运会的裁判员享有极高的荣誉和极大的权力。他们有以下职责：

　　1. 奥运会开始前，提前到伊利斯学习比赛规则。

　　2. 按规定对运动员进行资格审查。

　　3. 监督运动员训练，讲解运动道德。

　　4. 向希腊各城邦下达"神圣休战"命令。

　　5. 带领运动员宣誓。

　　6. 组织比赛、决定优胜者和执行判罚。

　　古代奥运会上的第一个裁判员是德尔法国王依费托斯，以后改为由伊利斯人继承。在奥运会最初的二百年间，只设 1 名裁判员。公元前 580 年，改为 2 名裁判员。公元前 480 年，裁判员增为 9 人，并从中选出 1 名裁判长，开始出现了比较明确的分工：3 人负责五项竞技，3 人负责车马赛，另外 3 人负责其他比赛。公元前 384 年，裁判员人数正式确定为 10 人，不再增减。

　　裁判员要在宙斯神像前举行庄严的宣誓仪式，他们保证不接受贿赂，保证光明正大地履行裁判员的职责。

　　在奥运会上，如对裁判的判决不服，可以上诉；如确系误判，裁判将被罚以重金，但判决不能被推翻。

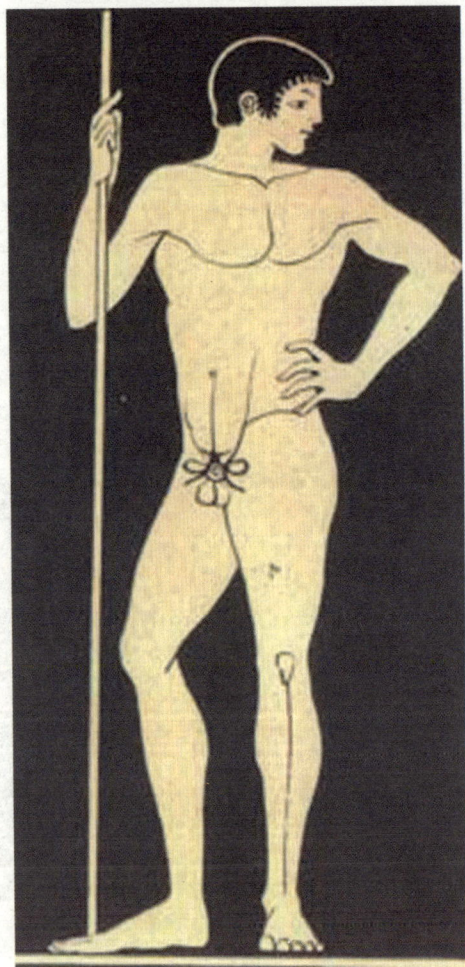

运动员与优胜者 ＞

• 运动员

　　古代奥运会有十分鲜明的民族色彩和宗教色彩，所以对运动员的身份有严格的规定：

　　1. 必须是纯希腊人。

　　2. 必须是自由人。

　　3. 必须是男子。

　　运动员也要在宙斯神像前举行宣誓仪式，他们保证不以非法手段取胜，保证不破坏奥运会规定。当一系列审查合格后，他们的名字就被写在一块木板上，挂到奥林匹亚最显眼处。从这时起，他们便不能以任何理由退出之后的比赛，只能为了夺取冠军而不惜一切地拼搏。

• 优胜者

古奥运会的优胜者在全希腊极受人们的尊敬和崇拜，冠军的称号不仅给优胜者本人，而且也给优胜者的父母和他所在的城邦带来极大的荣誉。在希腊人的心目中，获得奥运会冠军称号的人是宙斯神最喜爱的勇士，是全希腊最优秀的公民，因此，所有参加奥运会的竞技者都认为比赛的目的就是获得冠军。

古代奥运会冠军的奖品是橄榄枝编成的花冠，这是古代奥运会上最神圣的奖品，得到它是至高无上的荣誉。

返回家乡的优胜者会受到隆重的欢迎，城邦政府还要给优胜者丰厚的待遇，如免除一切赋税、终身由国家供养、在剧场保留最好的位置等。

为了永久纪念优胜者，奥运会还决定在奥林匹亚神庙区给获得过 3 次冠军的优胜者塑像。为优胜者塑像的艺术家当中，不少人是古希腊最杰出、最伟大的雕塑家。

古希腊人对一些特别健美的优胜者敬之如神，民间有疾患皆去求救，对优胜者的崇拜达到了登峰造极的程度。

当时，一些优胜者也是著名的将领，如角力冠军米隆曾被选为将军；希波战争期间一名亚哥斯将领爱乌力巴铁斯是著名的五项竞技运动员。据记载，著名哲学家柏拉图、诗人提摩克雷翁、悲剧作家索福克勒斯、欧里庇得斯，早先都是出色的运动家。

授奖仪式 〉

古代奥运会的授奖仪式庄严而隆重。授奖台设在宙斯像前，橄榄冠被放在一个特制的三脚台上。授奖时，先由报道官宣布运动员的姓名、比赛成绩、所属的城邦及运动员父母的名字，然后由司仪把优胜者领到主持人面前，主持人起身，将橄榄冠从三脚台上取下来，给优胜者戴上。这时，观众唱歌、诵诗、奏乐、欢呼，并向运动员投掷鲜花。古奥运会对获胜运动员的奖励虽曾多次改变，但原则都是着重于精神奖励。物质奖励也有，但相当微薄。

以橄榄枝作为古代奥运会的精神，作为奥林匹克运动精神的象征，寓意深刻，影响久远。古希腊人认为，橄榄树是雅典的保护神雅典娜带到人间的，是神赐予人类和平与幸福的象征，因此用橄榄枝编织的橄榄冠是最神圣的奖品，能获得它是最高的荣誉。据说，用于编织桂冠的橄榄枝必须得由一个双亲健在的12岁儿童，用纯金刀子从神树上割下来，然后精心编制。

在奥林匹亚举行的授奖仪式结束后，优胜者便可陆续还乡。这时，各城邦还将为他们的优胜者凯旋而组织盛大的庆典活动。后来希腊还规定免去优胜运动员对国家的义务，在剧场或节日盛会上为他们设置荣誉座位，个别城邦还发给有功绩的运动员终身津贴。

21

> ### 古代奥运的第一位冠军

希腊人于公元前 776 年规定每 4 年在奥林匹亚举办一次运动会。运动会举行期间，全希腊选手及附近黎民百姓相聚于奥林匹亚这个希腊南部的风景秀丽的小镇。公元前 776 年在这里举行第一届奥运会时，多利亚人克洛斯在 192.27 米短跑比赛中取得冠军。他成为国际奥林匹克运动会荣获第一个项目第一个桂冠的人。

古代奥运圣火 〉

古代奥运会召开前，依照宗教规定人们聚集在奥林匹亚宙斯神庙前，举行庄严肃穆的仪式，从祭坛点燃火炬，然后奔赴希腊各个城邦。火炬手高举火炬，一边奔跑，一边呼喊：停止一切战争，参加运动会！火炬像一道严格的命令，有至高无上的权力，火炬到哪里，哪里的战火就熄灭了。即使是在激烈厮杀的城邦人们也都纷纷放下武器，"神圣休战"开始了，希腊又恢复了和平的生活，人们忘记了仇恨，忘记了战争，都奔向奥林匹亚参加奥林匹克运动会。

希腊奥林匹亚 〉

奥林匹亚遗址在伯罗奔尼撒半岛西部的山谷里，阿尔菲奥斯河北岸（距河口16千米），伊利亚州境内，坐落在克洛诺斯树木繁茂、绿草如茵的山麓，是古希腊断地来到这里考察和寻找古代奥林匹克竞技会的遗迹。1766年，英国人钱德勒首次发现了宙斯神庙的遗址。此后，经过大批德国、法国、英国的考古学家、史学

的圣地。在约公元前10世纪，奥林匹亚是古代厄利斯用以祭拜宙斯的一个宗教中心。阿尔提斯——奥林匹亚圣地的中心部分，有古代世界最高的建筑杰作之一。除了庙宇以外，还保留着专供奥运会使用的各种体育设施。开始于公元前776年的奥运会每4年在奥林匹亚举行一次。从18世纪开始，一批又一批的学者接连不家们对奥林匹亚遗址系统的、大规模的勘查、发掘，至1881年取得了大量有关古代奥林匹克竞技会的珍贵文物和史料。1936年第11届奥运会后，因有部分余款，国际奥委会决定用这笔款项继续对奥林匹亚遗址进行发掘，发现并复原了体育场。

• 奥林匹亚考古遗址

最早的遗迹始于公元前 2000 年至公元前 1600 年，宗教建筑始于约公元前 1000 年。从公元前 8 世纪至 4 世纪末，这里因举办祭祀宙斯主神的体育盛典而闻名于世，是奥林匹克运动会的发祥地。公元前 776 年，伯罗奔尼撒半岛西部的奥林匹亚村举行了人类历史上最早的运动会——古代奥林匹克运动会。为纪念奥林匹亚运动会，1896 年在雅典举行了第一届现代奥林匹克运动会。此后，运动会虽改为轮流在其他国家举行，但仍沿用奥林匹克的名称，并且每一届的火炬都从这里点燃。

• 奥林匹亚历史

古希腊最早的奴隶制国家出现于约公元前 2000 年的克里特岛，克里特人创造了自己的文化。岛上著名的诺萨斯王宫遗址表明：克里特人热衷舞蹈、斗牛、拳击和摔跤等。随着城邦经济文化的繁荣和城邦间的复杂竞争，古希腊的体育事业也逐渐开始繁荣，战车赛、站立式摔跤、拳斗、赛跑、标枪、铁饼、跳跃、格斗、射箭等成为了古希腊人最常见的运动形式。斯巴达和雅典先后成为繁荣时期希腊体育的代表。而也就在这一过程中，孕育、产生了许多地方性或全希腊的运动会，其中影响较大就是诞生于奥林匹亚的奥林匹克竞技会。这一历时 293 届的竞技会，长达 1168 年，为人类留下了宝贵的文化遗产。但随着竞技会的消亡，古代希腊体育的辉煌慢慢地从人们的记忆中消失了，奥林匹

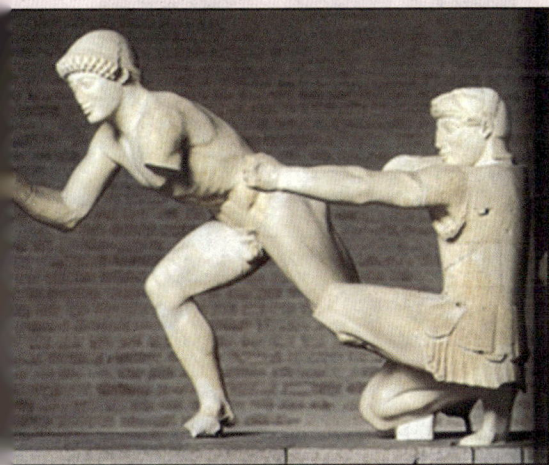

亚也就成为爱好体育的人们最尊崇的圣地。

罗马帝国统治时期，罗马大帝曾下令禁止异教徒举行祭典，奥林匹亚竞技会也被迫停办。公元6世纪的大地震加上克拉的乌河泛滥成灾使曾经盛极一时的奥林匹亚城变成了废墟，渐渐隐没在历史的繁华背后。1766年，英国学者钱德勒首次发现了宙斯神庙的遗址。经过几代人的挖掘，曾经辉煌的奥林匹亚圣地终于再次展现在世人面前。

1894年，现代"奥林匹克之父"、法国贵族顾拜旦倡议召开了恢复奥林匹克运动的代表大会，成立了国际奥委会。

1896年在雅典举行了第一届现代奥运会。从此，"和平、友谊、进步"就成为奥运会崇高的体育精神。奥林匹亚重现辉煌，再次盛装走向历史的舞台。

如今再次漫步奥林匹亚城，我们仍可以想见它当日的辉煌与灿烂。静静伫立在奥林匹亚博物馆的断壁残垣前，如今看来还是那么美轮美奂，那些展现着英雄、美女、厮杀的古老雕像，将深埋于历史的古希腊人的神韵刻画得栩栩如生。一块块巨大的古老石柱如同卫士一般排列成两队，

无声地诉说着曾经的历史。

奥林匹亚是希腊的圣地，它把健康的理念纳入文明，并被全人类接受和延续着。奥林匹亚这个词成了竞争、体育、斗志等重要概念的同义词，成了世界精神文化的重要遗产。而古希腊文明正是由于有着力量、美、理性的"三驾马车"，才得以在人类文明史上纵横驰骋。

阿尔提斯是奥林匹亚圣地中心部分的称呼。这个中心地区最早是围绕着一个青铜器时代的墓丘形成的，传说这个墓丘是希腊英雄赫拉克勒斯为珀罗普斯堆起的。另一个圣事的中心是一座小丘上的一条裂缝。这里曾经有一个神谕。一开始这个神谕是一个女神主管，后来变成了宙斯的神谕。而且这个神谕一直到有历史记载的时候依然存在。

在圣地内出现了多座神庙和圣坛，这

些神庙和圣坛供奉不同的神。在北部的山坡上有众多希腊城邦建造的存放圣器的仓库，在这些仓库的西边是奥林匹亚的市议会厅。阿尔提斯积累了许多奉献品，主要是为了纪念和感谢胜利的塑像和其他纪念碑。4世纪时阿尔提斯被一座围墙围绕。

圣地外还有许多其他管理和为圣地服务的建筑以及竞技场。奥林匹亚最大的建筑是一座约公元前4世纪建造的旅店，这座旅店在罗马时期被改造。运动员在约3世纪建造的体育馆进行训练，在运动场进行比赛。奥林匹亚的运动场前还有一座

辉煌的大门。在希腊时期就已经建造的浴场边上罗马人还建造了多座温浴。通过其附近找到的垃圾可以将一座大约5世纪的建筑确定为为神庙塑造巨型的宙斯神像的工场。巨大的赛车场被附近的河流的洪水冲塌后已经不复存在。

• 赫拉神庙

赫拉神庙规模不大，里面供奉着女神赫拉像。它是奥林匹亚遗址中现存最古老的建筑，建于公元前600年左右。在神庙的祭坛旁，是现代奥林匹克大会圣火点燃仪式的举行地点。奥林匹亚的考古遗迹中的许多建筑和设施，都是为体育比赛修建的。位于原来的宙斯庙附近的运动场，是世界上现存最古老的运动场。运动场旧址和周围的许多建筑因长期遭受泥土的堆积，现在都被埋藏于厚厚的泥土下面。发掘后的运动场，曾在公元前4世纪左右得到扩建。它坐落在长满橄榄树、柏树、桂树的丘陵地带，长约200米，宽约175米。而现今仍保留完好的则是石制看台的一侧，这里还能依稀看见原来由石灰石铺成的起跑点，周围建筑物的石柱直径都在两米开外。站在看台高处往下看，只见层层石阶，好似涟漪层层的水面。早在公元前1000年前后，古希腊青年就在这里进行竞技。

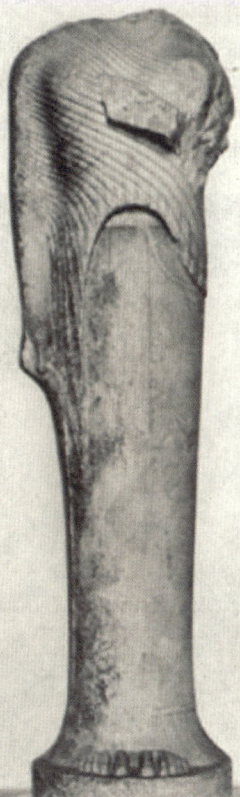

• 宙斯神庙

奥林匹亚考古遗迹的中心是雄伟的宙斯神庙，神庙内的宙斯像全身镶满了黄金和象牙。这座由大雕刻家菲狄亚斯雕刻的巨像后来被一场大火烧毁。而菲狄亚斯工作过的作坊遗址就在宙斯神庙的旁边。

• 古奥林匹亚体育场

古奥林匹亚体育场毁于战火与风雨。自 18 世纪始，一批又一批的学者接连不断地来到奥林匹亚考察和寻找古代奥运会遗址，1766 年英国人钱德勒，首次发现宙斯神庙的遗址。至 1881 年经考古学家们的勘查被发掘，这里发现了大量的珍贵文物和史料。1936 年第 11 届奥运会后，因有部分余款，国际奥委会决定用这笔款项继续对奥林匹亚遗址进行发掘，发现并复原了体育场。

古奥林匹亚体育场四周有大片坡形看台，西侧设有运动员和裁判员入场口，场内跑道的长度约为 210 米，宽约 32 米。它与附近的演武场、司祭人宿舍、宾馆、会议大厅、圣火坛和其他用房等共同构成了竞技会的庞大建筑群。现遗址上建有奥林匹克考古学博物馆，馆内藏有发掘出土的文物，包括大量古代奥运会的比赛器材和古希腊武器甲胄等。

古代奥运会期间，来到这里参加比赛的运动员必须符合以下条件：男性、希腊人、自由人、婚生子、没有任何犯罪记录等。

女性不能在古奥林匹克运动场参加比赛。这一古老的规定在第 28 届夏季奥运会上被打破。2004 年 8 月 18 日，第 28 届夏季奥运会田径的男女铅球比赛在希腊奥林匹亚古奥林匹克运动场举行。这标志着 2000 多年来，女性首次在这片神圣的场地上参加比赛。

对于每一个和奥林匹克运动有关的人来说，到希腊奥林匹亚山去朝圣成为他们终生的信念和梦想。这种朝圣是一次洗礼，圣贤先哲通过古代奥林匹克运动，告诉你奥运会之所以历经数千年而不衰的秘密。

暮色苍茫中的奥林匹亚山矗立不语，它深邃的目光穿透历史的烟云注视着现在的奥林匹克人。无论历史烽烟如何变幻，奥林匹克精神都将永存。

现代奥运会的圣火都在奥林匹亚点燃，它是奥林匹克运动的象征之一。在 2004 年雅典奥运会"回家"之际，国际奥委会决定，将 2004 年雅典奥运会的铅球比赛放在奥林匹亚体育场举行，这也是在 2000 多年之后，人们首次有机会在奥林匹亚重温奥运会之梦。

现代奥林匹克运动的发展 〉

奥林匹克运动自1894年国际奥委会成立至今，已有一个多世纪的历程。其发展可分为4个阶段。

• 奥林匹克运动的初创时期

从1894年到1914年第一次世界大战前，正值世界性的政治经济关系发生急剧变化时期，各种民族主义和排外心理妨碍了正常的国际交往。现代运动项目仅在少数欧洲国家开展，世界范围的体育竞赛活动很少进行，奥林匹克运动尚处于一种摸索阶段。奥运会也还未形成一定的举办模式，如项目设置稳定性差、场地设施简陋、财政困难、会期不固定、裁判员执法不公以及参赛资格缺乏明确规定等。

1908年，第4届伦敦奥运会实施了标准化和规范化管理，为未来奥运会的举办构建了基本框架。1912年第5届斯德哥尔摩奥运会是这一时期最成功的奥运会，从参赛国家、运动员人数、场地设施到组织工作都有较大提高，第一次实现了顾拜旦所期望的"没有事故、没有抗议、没有民族沙文主义仇恨的奥运会"。

这一时期存在的主要问题是国际奥委会、国际单项体育组织和国家奥委会还都只是松散的机构。国际奥委会尚未意识到奥运会是国际奥委会委托给某个城市承办的，放弃了领导和监督权，以致奥运会一切事宜均由东道主随意安排。由于不允许妇女正式参加奥运会，不但使奥运会的广泛性存在重大的缺陷，而且也使女子体育运动发展受到阻碍。

也得到发展，国家奥委会成员显著增加，为奥林匹克思想在世界各地的传播做出了重要贡献。与此同时，各国际单项体育组织也相继成立，通过国际奥委会、各国际单项体育组织和各国家奥委会的协调，使国际奥委会摆脱了每届奥运会都存在的具体技术事务，而更多地在领导、协调、决策等更高的层面发挥作用。

这一阶段存在的一个重要问题是政治对奥林匹克运动的影响日益加重，如1936年第11届柏林奥运会，虽在许多方面优于以往各届，但被希特勒用以向世界炫耀自己的实力，违背了奥林匹克"和平、友谊、进步"的宗旨。

• 奥林匹克运动的形成时期

因第一次世界大战而中断的奥林匹克运动会于1920年重新进行。国际奥委会从实践中意识到奥运会规范化的重要性，整个奥运会的基本框架、运行机制和基本性在这一时期基本形成，具体表现在：比赛项目的设置逐渐趋向合理；比赛设施进一步完善；会期基本固定；申办、举办奥运会的程序基本确立，并基本解决了有关运动员的参赛资格问题。先进的技术开始应用到比赛中去，如电子计时器、终点摄影仪、自动打印机、闭路电视转播等。自1928年起，女子田径项目纳入正式比赛，这一重要变化对奥林匹克运动的普及性和号召力起到了推动作用。另一重要发展是有了冬季奥运会，它使奥林匹克运动的覆盖面大大增加。

这一时期，奥林匹克运动的组织机构

• 奥林匹克运动的发展时期

第二次世界大战结束后，世界政治格局形成了东西方两大政治集团对峙的局面，这对奥林匹克运动的发展产生了重大影响。另一方面，战后各国经济振兴和科技进步，促进了奥林匹克运动的发展。

由于前苏联及新兴独立国家的参加，这一时期奥运会每届参赛国家和人数以及竞赛项目都在增加；与此同时，顾拜旦关于在各大洲轮流举办奥运会的设想得以实现；各洲范围的运动会、伤残人奥运会也相继出现。随着运动的普及，竞技运动水平也迅速提高，非洲体育开始崛起。在奥运会上形成美国和前苏联争强的局面。奥运会比赛场地及各种配套设施较之前有很大的发展，奥运会向大型化、艺术化方向发展。先进的电子设备以及性别和违禁药物检查，使比赛的公正性得到加强。历届奥运会的举办，促使举办城市的各种市政建设也得到很大改善，并为其在比赛后继续发挥作用奠定了基础。奥运会的举办资金也由单纯的政府拨款和私人捐赠向以政府拨款、社会捐资和出售电视转播权、发行彩票相结合的多种形式方向转变。

这一时期的奥林匹克组织已不单纯是一个体育机构，它与国家、社会各部门的关系日益密切。政治对奥运会的影响也更趋明显、复杂、尖锐，各种势力集团都想通过这个舞台来达到自己的目的。此外，兴奋剂问题、奥运会承办国财政负担过重等问题都提到重要议程。国际奥委会、国际单项体育联合会和各国或地区奥委会三大支柱之间出现了裂痕，经济上也危机四起。这种局面直到1972年基拉宁担任主席后才有所改变。

• 奥林匹克运动的改革时期

进入 20 世纪 80 年代，在国际奥委会主席萨马兰奇的领导下，国际奥委会针对奥林匹克运动所面临的各种问题进行了大规模的变革。过去的那种"独立性"原则，即在经济上不谋利，政治上不同政府联系的做法已不适应新时期的需要。人们对奥林匹克运动的要求不只限于 4 年一度的奥运会，奥林匹克运动已参与了更加广阔的领域。国际奥委会在文化教育、科学技术方面注重了奥林匹克思想的传播。通过一系列活动，如举办奥林匹克艺术节、建立博物馆、举办"奥林匹克日"纪念活动、定期召开奥林匹克科技大会等，都起到很好的宣传作用。

奥林匹克运动会在组织结构上的自我更新与完善，使国际奥委会同其他各个机构的联系日益密切。自 20 世纪 80 年代以来，国际奥委会建立了包括主席、各类专业人员在内的长驻机构——洛桑总部，保证了总部机构对各方面的领导。自 1981 年起国际奥委会第一次有了正式的法律地位，从而得到以法人的身份参与处理各种重大事务，经济上大胆进行商业性开发，利用各种活动创造财富，为奥林匹克运动的发展创造了良好的经济基础。从 1984 年第 23 届洛杉矶奥运会开始连续几届的奥运会主办国均未出现赤字。经济上的盈利，极大地调动了主办国家奥运会的积极性。

这一时期发生的重要变化是在肯定政治对体育的作用的同时，强调体育不应听命于任何一个国家的指挥；在肯定商业化的同时，对商业化采取一定的限制措施，并废除了参赛者业余身份的原则，使奥运会向所有优秀的运动员开放。这种务实的态度，促进了奥林匹克运动向健康的方向发展。

奥林匹克运动从初期的探索到自身模式的基本形成，从第二次世界大战后的发展到停滞，之后又经 80 年代以来的改革，终于进入了一个生机勃勃的发展阶段。

古代奥运与现代奥运的区别 >

• 民族性与国际性

　　古代奥运会具有鲜明的民族主义色彩和排外的文化特征，它是一个民族性的祭礼赛会，总在同一地点举行，且运动员必须是纯希腊血统。古代奥运会起着繁荣希腊文化的作用，但其局限性使它经不起多民族融合的风浪，只能在古希腊奴隶制繁荣的特定条件下发展，一旦遇到外族的入侵就难以生存。而现代奥运会则向一切国家、一切地区和一切民族开放，并在世界各地轮流举办，是全世界人民和平友谊的盛会。

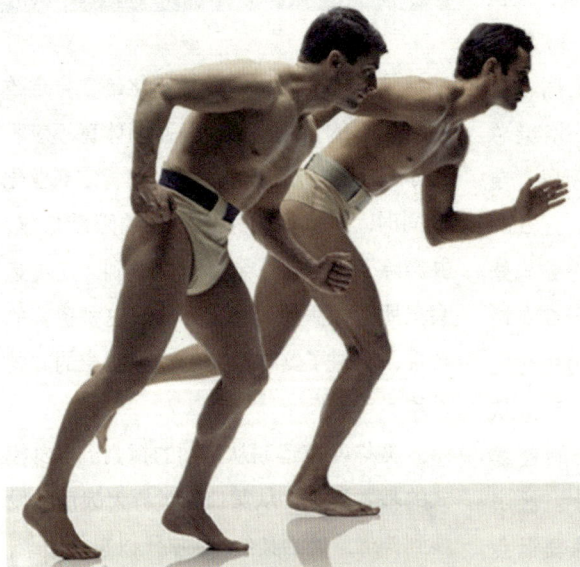

• 古代体育与现代体育

　　古代奥运会采用的是与军事技能紧密相关的体育内容，项目设置不完整，比赛方式原始、简朴，是人类社会童年时期的运动竞赛。而现代奥运会采用的则是高度规范化的现代竞技运动内容，它突破了古代传统，增设了集体项目，并开创了冬季奥运会，内容丰富多彩，反映了现代社会发展的需要。

• 排斥妇女与男女平等

　　古代奥运会不允许妇女参加，违者处死。虽然顾拜旦在奥运会初创时期曾想模仿古代传统，但已无法阻止男女平等的时代潮流。从 1900 年妇女首次登上奥运赛场至今，女运动员人数、女子参赛项目数、女体育管理者人数逐渐增加，参赛成绩大幅度提高。妇女体育在奥运会上获得了前所未有的发展，其意义已超出了竞技比赛的范畴。

● 多样奥运

奥林匹克运动在千余年的沉寂之后，终于在世人的推动下重新焕发生机。在顾拜旦等奥运先驱者的努力下，19世纪末现代奥林匹克运动再次登上历史舞台。现代奥林匹克运动的出现，也推动了现代体育运动盛会的发展，丰富了现代体育运动盛会的种类。除了众所皆知的夏季奥运会、冬季奥运会，根据参赛对象的不同，还分别设有残疾人奥运会、特殊奥运会、听障奥运会和青年奥运会。

现代奥林匹克运动 >

自19世纪初开始，不断有人尝试恢复奥运会。直到19世纪末，在法国贵族顾拜旦及其他奥运先驱者的努力下，现代奥林匹克运动终于登上历史舞台。1894年6月16日，顾拜旦精心设计和主持的首次"国际体育教育代表大会"在巴黎索邦召开。来自多个国家的78名代表到会，通过决议复兴奥运会，规定此后每隔4年举办一次奥运会；选出由15人组成的国际奥林匹克委员会。顾拜旦起草了国际奥委会章程，阐述了奥林匹克运动的哲学基础、教育和美学意义，奠定了奥林匹克运动的理论基础，使奥林匹克运动发展成为持续性的体育与和平运动。这次大会标志着现代奥林匹克运动的诞生。顾拜旦则被人们誉为"现代奥林匹克之父"。

残疾人奥运会 >

残疾人奥林匹克运动始于第二次世界大战结束后的1948年。当时，英国神经外科医生格特曼爵士和一些热心于残疾人事业的知名人士，在1948年第4届伦敦奥运会期间组织了由轮椅运动员（多为脊椎伤残的二战老兵）参加的比赛，称为斯托克曼德维尔运动会。当时只有16名坐在轮椅上的伤残士兵参加，此后该运动会每年举行1次。

1952年，荷兰残疾人运动员也加入了残疾人奥林匹克运动，于是成立了国际斯托克曼德维尔运动会联合会，在英国的斯托克曼德维尔首次举办了国际残疾人运动会，此后该赛事固定下来，每年都举办国际斯托克曼德维尔运动会。至1959年，实际上已举行了8届国际残疾人运动会。

经过英国的格特曼爵士和意大利的马里奥教授的精心组织策划，1960年第17届罗马奥运会结束后，来自世界23个国家的约400名残疾人运动员参加了在罗马举行的第一届"残疾人奥林匹克运动

39

会"。这届运动会后来被正式承认为第9届国际斯托克曼德维尔运动会。

1976年，国际残疾人组织决定，斯托克曼德维尔运动会与世界残疾人运动会合并，在加拿大的多伦多举办了第一届国际伤残人士奥运会，来自38个国家的1657名残疾人运动员参加了比赛。1988年，国际奥委会决定：夏季奥运会和残疾人奥运（以下简称残奥会）必须在同一城市举行。2000年，国际奥委会和国际残奥会签署协议规定：申办奥运会的城市必须同时申办残奥会；奥运会后1个月内，在奥运会举办城市的奥运场地举行残疾人奥运会。

从1960年至2012年已举办了14届夏季残奥会和10届冬季残奥会。而"残疾人奥林匹克运动会"这一称谓，一直到1984年才得到国际奥委会的正式批准。

为了保证在比赛中尽可能公平、公正和安全竞争，残奥会进行比赛时，按照一套预先制定好的分类和分级标准，要对参赛运动员的残疾情况和运动能力进行评估，根据具体参赛项目的要求，将残疾程度或运动能力差不多的选手尽可能分在一起进行比赛。

• **残疾人运动员基本分级**

视力残疾（IBSA）：分为 3 个级别，B1、B2、B3 级。

脑性麻痹（CP-ISRA）：分为 8 个级别，1～4 级（坐椅子参赛）、5～8 级（不坐椅子参赛）。

脊髓损伤（ISMWSF-IWAS）：分为 8 个级别，1A、1B、1C 的（四肢瘫），2、3、4、5、6 级（截瘫）。

截肢和其他肢体残疾（ISOD-IWAS）：截肢分为 9 个级别，A1～A9 级；其他肢体残疾分为 6 个级别，L1～L6 级。

冬季奥运会 〉

19世纪末至20世纪初，冰雪运动在欧美国家逐渐得到普及和发展。在冰雪运动日益普及的情况下，现代奥运会创始人顾拜旦建议单独举办冬季奥运会，但由于1901年北欧两项运动在欧洲斯堪的纳维亚半岛的成功举行而被拖延。

此后，1908年第4届伦敦奥运会上增加了花样滑冰项目。1920年第7届安特卫普奥运会上，国际奥委会增加了冰球项目。花样滑冰和冰球加入奥运会后引起了观众的极大兴趣，但因天气条件给组织者带来诸多不便，尽管这两个项目都提前在4月份进行，但大多数比赛和奥运会的开幕式在8月中旬才举行。这使得一届奥运会要长达5个月的时间，在人力、物力上耗费太大。鉴于此，人们倾向于把冰雪项目从奥运会中分离出来，单独进行冰雪项目的奥运会。

正式的冬季奥林匹克运动会始于1924年。当时，法国夏蒙尼市承办了被称为"冬季运动周"的运动会，两年后国际奥委会正式将其更名为第一届冬季奥林匹克运动会（以下简称冬季奥运会）。冬季奥运会最初规定每4年举行一次，与夏季奥运会在同年和同一国家举行。从第二届冬奥会——1928年圣莫里茨冬季奥运会开始，冬季奥运会与夏季奥运会的举办地点改在不同的国家举行。1994年起，冬奥会与夏奥会以两年为相隔交叉举行。

特殊奥运会 〉

特殊奥林匹克运动（简称特奥运动），是基于奥林匹克精神，专门针对智障人士开展的国际性运动训练和比赛。特奥运动项目非常丰富，从最基本的机能活动到最高级的竞赛，适合所有年龄和能力等级的特奥运动员。特殊奥林匹克运动会包括本地、国家、洲际和世界等不同级别。其中，世界特殊奥运会每两年举办一届，夏季和冬季交替举行。到2011年为止，国际特奥会共举办过13届夏季特殊奥运会、9届冬季特殊奥运会。

国际特殊奥林匹克委员会是特奥运动的国际权威组织及管理机构，也是国际奥委会认可的可以在全球范围内使用奥林匹克名称独立开展体育活动的组织，多年来一直致力于在世界范围内推动特奥运动的发展。国际特奥会的创始人是美国前总统约翰·肯尼迪的妹妹尤尼斯·肯尼迪·施莱佛女士，现任主席是蒂姆·施莱佛先生。国际特奥会总部设在美国华盛顿特区，现有会员组织160多个，特奥运动员约225万人。

43

特奥会与残奥会的区别

• 参与对象不同

特殊奥林匹克运动会（以下简称特奥会）运动员是智商在 70 以下的智障人士。残奥运动员主要是视力残疾、肢体残疾的残疾人士，根据不同的残疾类型参加相应的比赛项目。目前，智障人士仅参加残奥会的表演项目，且只设一个组别。

• 目的不同

特奥会强调的不仅是竞技和竞争，更是参与和融合。

• 比赛规则不同

特奥会比赛规则具有特殊性，充分体现平等参与、按能力分组比赛的原则。特奥组织同其他体育组织有许多相似之处，但也有以下特点：

（1）对参加训练或比赛的运动员或家长不收取费用。

（2）鼓励能力不同的运动员参加，为同能力的运动员提供各种比赛机会。

（3）各能力组运动员的分组建立在公正合理的基础上。

（4）参赛者都可获得荣誉。参加同一个项目比赛的每个组，前一、二、三名分获金、银、铜牌，第四名以后的选手将分别获名次绶带奖励。

（5）参加更高水平的比赛资格，需要在各地区或国家特奥比赛的基础上，按规定选择。

听障奥运会 〉

　　听障奥运会前身为世界聋人运动会，第一届世界聋人运动会于1924年在法国巴黎举行。随后，参赛的国家和人数不断增加，竞技水准也不断提升。2001年5月，国际奥林匹克委员会鉴于在国际聋人体育联合会主导之下的世界聋人运动会办得极具规模且具有聋人文化的特色，决议同意将其更名为听障奥林匹克运动会，并于2001年7月意大利罗马第19届起实施。中国台北于2009年举办听障奥运会。

青年奥运会 〉

　　青年奥林匹克运动会是一项专为年轻人设立的体育赛事，糅合了体育、教育和文化等领域的内容，并为推进这些领域与奥运会的共同发展而起着催化剂的作

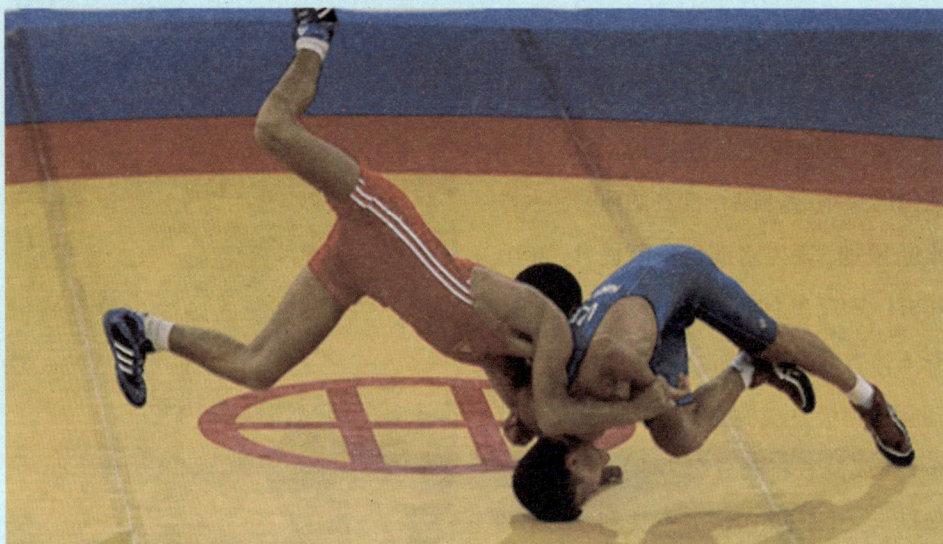

用。国际奥委会在2007年7月5日于危地马拉城举行的第119次国际奥委会全体会议上同意创办青年奥运会（以下简称青奥会），运动员的年龄在14～18岁之间。

青奥会在规格上和赛事上堪称"小奥运"，具备以下4个方面的特点：

城市申办和举办：国际奥委会文件要求一个国家和某一个城市申办和举办青奥会，举办城市需要用现有的体育和文化教育设施，不需要新建设施，尽可能减少对城市市民生活的干扰。

重视文化教育交流：国际奥委会文件特别强调文化教育生活和体育竞技同样重要，并完美融合。青奥会应回归奥林匹克精神，呈现出独特的魅力。因此，要求参加青奥会的运动员从开幕式到闭幕式都要参加体育竞赛和文化教育计划规定的活动，而不应离开青奥会。

树立奥林匹克精神：青奥会设想是基于青少年，为了青少年，在青少年中广泛传播"卓越、友谊、尊重"的奥林匹克理念，使之成为青少年的共同理想；树立健康向上的青少年榜样，鼓励和引导青少年积极参与体育运动，在参与、互动、共享氛围中快乐地成长。

凸显改革和创新：具体表现在城市举办、文化教育计划、适应青少年的竞赛项目和规则等方面，其宗旨是突出世界青少年之间的交流和合作。

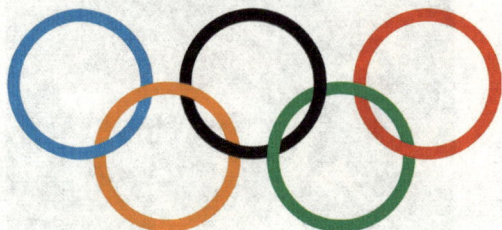

● 奥运精神

奥林匹克运动有一系列独特而鲜明的象征性标志，如奥林匹克标志、格言、奥运会会旗、会歌、会徽、奖牌、吉祥物等。这些标志有着丰富的文化含义，形象地体现了奥林匹克理想的价值取向和文化内涵。

《奥林匹克宪章》规定，奥林匹克标志、奥林匹克旗、奥林匹克格言和奥林匹克会歌的产权属于国际奥委会专有。国际奥委会可采取一切适当措施使奥林匹克标志、旗、格言和会歌在各国和国际上获得法律保护。

奥运会会歌 〉

国际奥委会在1958年于东京举行的第55次全体会议上确定使用《奥林匹克圣歌》作为奥林匹克会歌。从此以后，在每届奥运会的开、闭幕式上都能听到这首悠扬的古希腊乐曲。歌词如下：

古代不朽之神，

美丽、伟大而正直的圣洁之父。

祈求降临尘世以彰显自己，

让受人瞩目的英雄在这大地苍穹之中，

作为你荣耀的见证。

请照亮跑步、角力与投掷项目，

这些全力以赴的崇高竞赛。

把用橄榄枝编成的花冠颁赠给优胜者，

塑造出钢铁般的躯干。

溪谷、山岳、海洋与你相映生辉，

犹如以色彩斑斓的岩石建成的神殿。

这巨大的神殿，

世界各地的人们都来膜拜。

啊! 永远不朽的古代之神。

奥委会会旗 〉

国际奥委会有自己的会旗。旗为白底无边，中央有5个相互套连的圆环，即我们所说的奥林匹克环。环的颜色自左至右分别为蓝、黄、黑、绿、红，系顾拜旦以它们能概括各会员国国旗的颜色而选定，但以后对这5种颜色又有其他解释。1979年国际奥委会出版的《奥林匹克评论》(第40期)强调，会旗和5个环的含义是，象征五大洲的团结，全世界的运动员以公正、坦率的比赛和友好的精神，在奥运会上相见。

国际奥委会会旗系1913年根据顾拜旦的构思而设计制作的。1914年为庆祝现代奥林匹克运动恢复20周年，在巴黎举行的奥林匹克代表大会上首次升起。1920年第7届安特卫普奥运会时，比利时国家奥委会绣了同样一面锦旗在当届奥运会上使用。运动会后，比利时奥委会将它赠给了国际奥委会，这面锦旗成为国际奥委会正式会旗。历届奥运会开幕式上都有会旗交接仪式，由上届奥运会主办城市的代表将会旗交给国际奥委会主席，主席再将会旗递交当届主办城市的市长。主办城市将旗帜保存4年再送交下届主办城市。当届奥运会升在运动会主会场上空的旗帜是一面代用会旗。

根据《奥林匹克宪章》的规定，"奥林匹克五环"是奥林匹克运动的象征，是国际奥委会的专用标志，未经国际奥委会许可，任何团体或个人不得将其用于广告或其他商业性活动。

奥运格言 〉

奥林匹克格言亦称奥林匹克口号。奥林匹克运动有一句著名的格言："更快、更高、更强。"这一格言是顾拜旦的好友、巴黎阿奎埃尔修道院院长迪东在他的学生举行的一次户外运动会上，鼓励学生们时说过的一句话，他说："在这里，你们的口号是：更快、更高、更强。"

顾拜旦将这句话用于奥林匹克运动。他曾经对此作出自己的理解，这或许是对奥林匹克精神最好的阐释："奥运会最重要的不是胜利，而是参与；正如在生活中最重要的事情不是成功，而是奋斗；但最本质的事情并不是征服，而是奋力拼搏。"

1920年，国际奥委会将"更快、更高、更强"正式确认为奥林匹克格言，在1920年第7届安特卫普奥运会上首次使用。奥林匹克格言充分表达了奥林匹克运动所倡导的不断进取、永不满足的奋斗精神。虽然只有短短的6个字，但其含义非常丰富，

它不仅表示在竞技运动中选手们要不畏强手、敢于斗争、敢于胜利，而且鼓励人们在自己的生活和工作中不甘于平庸，要朝气蓬勃、永远进取、超越自我，将自己的潜能发挥到极限。

奥运精神 〉

《奥林匹克宪章》指出，奥林匹克精神就是相互了解、友谊、团结和公平竞争的精神。奥林匹克精神对奥林匹克运动具有十分重要的指导作用。

首先，奥林匹克精神强调对文化差异的容忍和理解。奥林匹克运动是国际性的运动，它不可避免地面临着世界上文化间的各种差异及由此引发的各种问题。来自各国的运动员、教练员、体育官员以及观众有着不同的肤色，穿着不同的服装，操

着不同的语言，有着不同的生活方式，用不同的行为方式表达自己的喜怒哀乐。这些种族的和文化的差异，又常常由于各国间在政治体制、经济制度和意识形态等方面的冲突而强化。从一定意义上讲，四年一度的奥运会将世界上所有的体育文化集中在一个狭小的空间和时间范围内，于是不同文化之间的差异尤为引人注目。差异就是矛盾，矛盾就可能引发冲突。

奥林匹克精神强调相互了解、友谊和团结，就是要形成一种精神氛围。在这种氛围中，人们可以摆脱各自文化带来的偏见，在不同文化的展示中，看到的不是矛盾与冲突，而是人类社会百花齐放、千姿

百态的文化图景，从而使文化差异成为促进人们互相交流的动因，而不是各自封闭的藩篱；使矛盾成为互相学习的动力，而不是互相轻视的诱因。也只有在这种氛围中，人们才能打破各自狭窄的眼界，以世界公民的博大胸怀，去认识和理解自己民族以外的事物，领悟到各个民族都有着神奇的想象力和巨大的创造力，学会尊敬其他民族，以比较客观和公正的态度去看待别人和自己，虚心地吸取其他文化的优秀成分，不断丰富自己，从而使奥林匹克运动所提倡的国际交流真正得以实现。

其次，奥林匹克精神强调竞技运动的公平与公正。奥林匹克运动以竞技运动为其主要活动内容，竞技运动最本质的特征就是比赛与对抗。在直接而剧烈的身体对抗和比赛中，运动员的身体、心理和道德得到良好的锻炼与培养，观众也得到感官上的娱乐享受和潜移默化的教育。但是，竞技体育的教育功能和文化娱乐功能的基本前提是公平竞争。只有在公平竞争的基础上竞争才有意义，各国运动员才能保持和加强团结、友谊的关系，奥林匹克运动才能实现它的神圣目标。

奥林匹克日 >

　　1894年6月23日，国际奥委会在巴黎正式成立，为了纪念这一具有历史意义的日子，国际奥委会从1948年起将每年的6月23日定为国际奥林匹克日。当年6月23日举行了首次奥林匹克日活动，参加的国家有葡萄牙、希腊、奥地利、加拿大、瑞士、英国、乌拉圭、委内瑞拉和比利时。此后，在每年的6月17日至24日之间，各个国家或地区奥委会都要组织各种庆祝活动。现在世界上参加此项活动的国家、地区已由首届的9个增至100多个，参加者十分踊跃，表达了人们对奥林匹克精神的崇尚。经过国际奥林匹克委员会的赞同，这一天还称为"奥林匹克日"或"运动日"。

奥运圣火 >

　　现代奥运圣火首次出现是在1928年第9届阿姆斯特丹奥运会上。当时是顾拜旦提出了这一想法，但仅限于在体育场附近的一个喷泉盛水盘上点燃圣火。

　　古代奥林匹克运动会点燃圣火的仪式，起源于古希腊普罗米修斯为人类上天盗取火种的神话，在奥林匹亚赫拉神庙前，按宗教的仪式在祭坛上点燃火种，然后持火炬跑遍各城邦，传达奥运会即将开始的讯息，各城邦听到消息后必须休战，放下仇恨与战争，积极准备参加奥运会的竞技比赛，因此火炬象征着和平、光明、团结与友谊等意义。

53

奥林匹克宣言 ＞

1892年11月25日，顾拜旦在巴黎索邦举行的庆祝法国田径运动联盟成立5周年大会上发表了一篇精彩演讲。他号召人们"坚持不懈地追求、实现一个以现代生活条件为基础的伟大而有益的事业"。这个内容极其丰富、热情四溢的历史性演讲，后来被人们称为《奥林匹克宣言》。1914年，第一次世界大战爆发。这份演讲稿在战乱环境中未能公开刊登，顾拜旦只能悄悄地把它藏匿起来。1937年，顾拜旦因心脏病急性发作去世，那份曾经令人振奋和激动的宣言，随着演讲稿的不知去向也似乎渐渐被遗忘。但热衷研究体育历史的法国外交分析专家达马侯爵始终坚信手稿原件尚在人间。通过当年报纸留下的点点滴滴间接信息，达马侯爵凭着蛛丝马迹走遍欧洲、北美、非洲，最终于20世纪90年代初在瑞士一家银行的保险箱中发现了它。由此，达马侯爵成为了《奥林匹克宣言》传播的唯一权利人。

1994年，在纪念奥运百年活动期间，国际奥林匹克委员会以英文、法文在内部出版了仅1000本《奥林匹克宣言》小册子，以此公布这份珍贵手稿的存在。2008年1月1日，为纪念顾拜旦诞辰145周年，中、法、英3种文字版本的《奥林匹克宣言》全球首发庆典在北京举行。在《奥林匹克宣言》手稿遗失百年后，在中国进入奥运年时，经国际奥林匹克委员会罗格主席和版权所有人法国达马侯爵同意，文明杂志社首次在全球范围内出版发行了中、法、英3种文字的《奥林匹克宣言》。

PIERRE DE COUBERTIN

LE
MANIFESTE
OLYMPIQUE

LES EDITIONS DU GRAND PONT

《奥林匹克宣言》手稿

手稿第一页

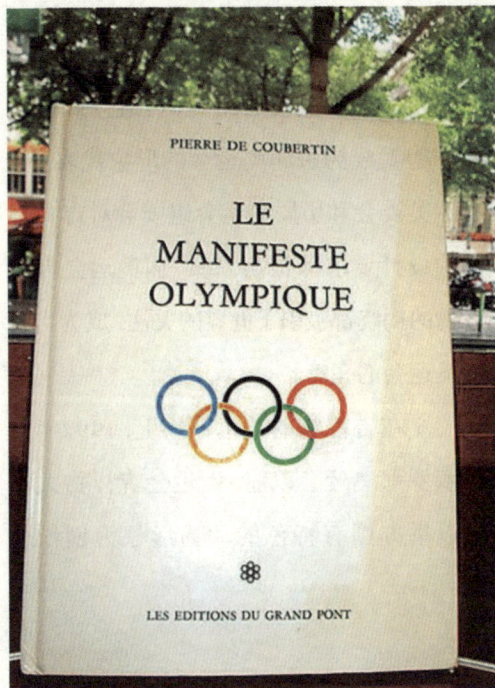

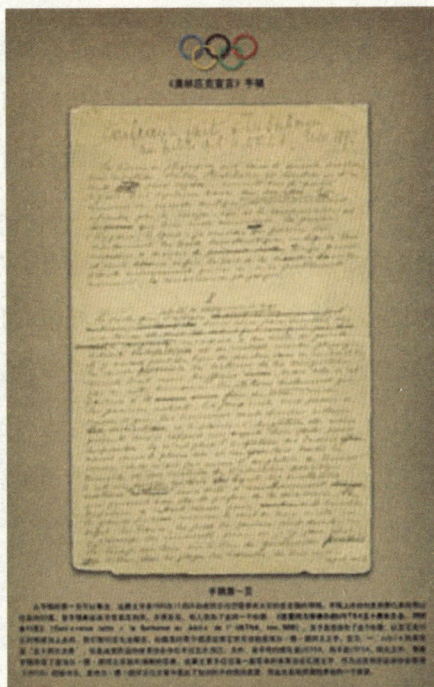

国际奥委会制度

　　国际奥委会为委员制。1894 年国际奥委会刚成立时，委员大都由顾拜旦指定，之后，国际奥委会自行选择它认为合格的人士为委员。但有段时间，国际奥委会挑选委员时，只要它认为某人是该国该地区体育界名流，不管这个国家或地区与国际奥委会有无关系，是否为国际奥委会会员国，均可入选。现在奥林匹克宪章规定，当选委员必须是国际奥委会承认的国家或地区、奥委会隶属的国家或地区公民，并居住在该国或该地区。

吉祥物 ⟩

奥林匹克运动会吉祥物(简称奥运吉祥物、吉祥物)是代表各届奥运的动物或人物。通常是当地的动物,或是可以代表当地文化特色的人物形象。无论奥运吉祥物的外貌如何,他们的共通点都是以奥运会作为主题来显示主办城市的独特地理特征、历史和文化;奥运吉祥物是一个能够实现奥林匹克精神、传达奥运会概念以及为主办城市宣传它的历史和文化,也为奥运会营造一个节日气氛。

在奥运史上,吉祥物第一次出现在1972年第20届慕尼黑奥运会上。此后吉祥物就成为每届奥运会的形象代表。国际奥委会和历届奥运会组委会对吉祥物的设计要求都很高,每一届奥运会吉祥物的揭晓都吸引了世界的关注,成为当届奥运会的亮点。

在吉祥物的艺术形式上,1992年巴塞罗那奥运会以前,奥运会吉祥物大多以举办国有特色的动物形象为创作原

1972年慕尼黑奥运会吉祥物

1976年蒙特利尔奥运会吉祥物

1980年莫斯科奥运会吉祥物

1984年洛杉矶奥运会吉祥物

1988年汉城奥运会吉祥物

1992年巴塞罗那奥运会吉祥物

1996年亚特兰大奥运会吉祥物

Olly Syd. Millie

2000年悉尼奥运会吉祥物

型，一般是一个物种。1992年后，奥运会的吉祥物出现了人物，或者是完全虚拟的形体，数量也有变化。1998年第18届长野冬奥会吉祥物有4种，2000年悉尼奥运会吉祥物有3种，2004年第28届雅典奥运会吉祥物有2种，而2008年第29届北京奥运会吉祥物更多达5种。不管是什么样的形式，其基本的创作核心是有利于表达当届奥运会的主题，有利于表现主办城市独特的地域特征、历史文化和人文特色，同时有利于市场开发和保护。

现代奥运会产生了造型多样的吉祥物。每个吉祥物都是独一无二的，它们都有富有活力的性格，体现了友谊和公平竞赛的奥林匹克理想。吉祥物首次在奥运会上发挥显著作用是在1972年第20届慕尼黑奥运会上。在近些年的奥运会中，吉

ΑΘηνὰ Φοῖβος

2004年雅典奥运会吉祥物

祥物的作用得到了加强。吉祥物将奥运会价值拟人化了，为其赋予实际的形体并使之广为儿童所接受，这是当今奥运会识别项目中其他形象所无法比拟的。

2008年第28届北京奥运会吉祥物是五个拟人化的福娃，分别被命名为"贝

福娃贝贝 Beibei　福娃晶晶 Jingjing　福娃欢欢 Huanhuan　福娃迎迎 Yingying　福娃妮妮 Nini

2008年北京奥运会吉祥物

58

贝"、"晶晶"、"欢欢"、"迎迎"和"妮妮"，取自"北京欢迎你"的谐音。奥运福娃的色彩与灵感来源于奥林匹克五环，来源于中国辽阔的山川大地、江河湖海和人们喜爱的动物形象。福娃向世界各地的孩子们传递友谊、和平、积极进取的精神以及人与自然和谐相处的美好愿望。

福娃也代表了梦想以及中国人民的渴望，他们的原型和头饰蕴含着其与海洋、森林、火、大地和天空的联系，其形象设计运用了中国传统艺术的表现方式，展现了中国的灿烂文化，将祝福带往世界各个角落。

很久以来，中国就有通过符号传递祝福的传统。北京奥运会吉祥物的每个娃娃

2012年伦敦奥运会吉祥物

都代表着一个美好的祝愿：繁荣、欢乐、激情、健康与好运。娃娃们带着北京的盛情，将祝福带往世界各个角落，邀请各国人民共聚北京，欢庆2008奥运盛典。

奥运奖牌 ＞

奥运奖牌中，除了各种造型奇特的圆形奖牌，也有"异类"的存在，那就是方形奖牌。唯一的方形奖牌出现在1900年第2届巴黎奥运会上。奖牌正面为张开双臂的胜利女神，双手托着月桂花冠，背景图案为巴黎景色和世界博览会纪念物；奖牌背面为一名奥运冠军站在领奖台上，他的右臂高高举起，手上握着月桂花冠，背景图案为体育场和雅典卫城。

使用时间最长的奖牌是1928年第9届阿姆斯特丹奥运会奖牌。奖牌正面为传统的胜利女神，她左手持棕榈叶，右手拿着胜利者佩戴的花冠。本届奥运会的胜利女神图像由佛罗伦萨艺术家卡西奥里设计，并在国际奥委会组织的设计比赛中被选作奥运会奖牌，正面图样沿用至今。奖牌正面右方刻有"阿姆斯特丹1928—第9届奥运会"字样，背景为古罗

1972年慕尼黑奥运会奖牌

1976年蒙特利尔奥运会奖牌

1980年莫斯科奥运会奖牌

1984年洛杉矶奥运会奖牌

1988年汉城奥运会奖牌

1992年巴塞罗那奥运会奖牌

马竞技场图案；奖牌背面为一名被群众簇拥的奥运冠军，场面欢欣鼓舞，背景是奥林匹克体育场。从1928年—1968年，奥运会奖牌样式一直沿用了1928年的设计。直到1972年奥运会，当时的慕尼黑组委会突破原有设计，采用了包豪斯建筑学派代表人物玛克思的设计，更改了奖牌背面图案。

还有的奖牌材质奇特，一般都是纯金、银或混合金、银，不过在1994年挪威利勒哈默尔的冬季奥运会上，冬奥会东道主打破传统，设计师别出心裁，用挪威花岗岩作原料，在奖牌中加入了石块，表面镶嵌金、银、铜。

历届奥运会最重的奖牌是2002年盐湖城冬奥会上，金银牌各重567克，铜牌454克。同时此届冬奥会的奖牌首次根据体育项目的划分采用了不同的图案。奖牌正面，刻有冲出冰山与火焰重围的运动员的图样，代表着奥林匹克精神、人

1996年亚特兰大奥运会奖牌

2000年悉尼奥运会奖牌

2004年雅典奥运会奖牌

2008年北京奥运会奖牌

2012年伦敦奥运会奖牌

类的精神活力以及被激发出的能量，而"LIGHT THE FIRE WITHIN（点燃心中之火）"的字样则被镌刻在奖牌正面左方；奖牌背面是希腊的胜利女神，手持象征橄榄枝桂冠的一片树叶。奖牌状似河里的卵石，同时具有现代和乡村风格，象征着美国西部精神。每枚奖牌都是手工制作，且独一无二，如同经历风雨侵蚀的石头。

奖章与奖状

对于奖章和奖状的颁发，根据比赛项目和参加人员性质的不同，也有不同的规定。对个人比赛项目，第1名的奖品为银质镀金奖章和奖状，第2名为银质奖章和奖状，第3名为铜质奖章和奖状。奖章应表示它们所奖的运动项目并且固定在一条可分的链条或带子上，以便佩挂在运动员颈部。获得第4名、第5名、第6名、第7名、第8名的运动员有奖状但无奖章。

如果出现并列第 1 名、第 2 名或第 3 名，则并列的每位运动员都得到奖章和奖状；对团体比赛的运动大项和其他运动大项中团体比赛的运动小项，冠军队的队员，凡是在奥林匹克运动会期间至少参加了 1 场比赛的，每人都被授予 l 枚银质镀金奖章和奖状。获第 2 名的队的每位队员被授予银质奖章和奖状，获第 3 名的队的每位队员被授予铜质奖章和奖状。获得第 4 名、第 5 名、第 6 名、第 7 名和第 8 名的队的队员获得奖状。

• 纪念章和证书

　　每届奥运会的组委会都要制作纪念章，发给参加奥运会比赛的每一位运动员、教练员，以及裁判员和工作人员留做纪念。奥运会纪念章是铜制的，一般为圆形，图案没有统一的规定。除了纪念章外，奥运会组委会还向每个参加者颁发奥运会证书。纪念章和证书不能发给退出奥运会的代表团的成员。如果参加奥林匹克运动会的运动员被取消比赛资格，他的奖章和奖状必须退回国际奥委会。另外，纪念章的设计图案同奖章一样，其版权属于国际奥委会所有。如果主办国要求版权转移，必须用书面形式由该国奥运会组委会起草必要的文件，并请国际奥委会签字。

• 奥林匹克纪念牌

　　奥林匹克纪念牌发给全体运动员（包括奥运会奖牌获得者）、运动队的官员和其他工作人员、国际奥委会委员和出席奥运会的被国际奥委会承认的国际单项体育联合会主席与秘书长、各国家和地区奥委会主席和秘书长，以及在国际奥委会规定的名额内由有关的国际单项体育联合会正式任命的裁判员、计时员、检查员、司线员等等，作为参加奥运会的纪念。

• 奥林匹克荣誉册

　　每届奥运会组委会都制作一部奥林匹克荣誉册，每个比赛项目的奖章获得者（前3名）和奖状获得者（第4名至第8名）的名字都显著地登载在上面。荣誉册送国际奥委会存放于奥林匹克博物馆，作为奥林匹克运动的史料永久保存。

• 奥运会颁奖仪式

经过不断的发展完善，国际奥委会对颁奖礼仪也进行了规定：在奥运会期间，奖章应由国际奥委会主席（或由他选定的委员）在有关的国际单项体育联合会主席（或其代表）陪同下颁发。如果可能，在每项比赛结束后，立即在比赛举行场地以下述方式颁奖：获得前 3 名的运动员身着正式服装或运动服登上领奖台，面向官员席（冠军站在中间，亚军站在右侧，季军站在左侧，冠军站的位置比亚军和季军站的位置稍高），然后宣布他们的名字和其他获奖者的名字。冠军代表团的旗帜应从中央旗杆升起，第 2 名和第 3 名的代表团的旗帜分别从紧靠中央旗杆右侧和左侧的旗杆升起。奏冠军代表团的国歌时，奖章获得者应面向旗帜。

特奥会精神 〉

● 信念

特殊奥林匹克运动会坚信：(1) 特奥运动员有学习的能力。在正确的指导和鼓励下，智障人士通过参加体育训练及比赛，能够获得相应的技能，进而享受成功的快乐。(2) 特奥运动员有不断进步的能力。通过自身努力、家庭和社会支持以及同伴竞争，智障人士能够激发创造的热情，并逐步提高应对挑战的能力。(3) 特奥运动员有提高生活质量的能力。智障人士通过参加体育训练及比赛，能够提高身心健康及社会适应能力，他们与家庭成员间的关系更加密切，与社区居民、志愿者以及运动员间的交往会更加广泛，生活质量也会进一步提高。(4) 特奥运动员有贡献社会的能力。智障人士通过自身的努力，能够减轻障碍对自身、家庭和社会的负担。同时，他们顽强拼搏、与人为善和诚实守纪的优良品行对非智障人士也起着很好的激励作用。

• 精神

特殊奥林匹克运动会的精神是：技能、勇气、分享以及超越国家、政治、性别、年龄、种族、宗教的界限带来的快乐。

• 使命

特殊奥林匹克运动会的使命是：通过丰富多样的运动项目，为智障儿童和成人参与日常训练及竞赛创造条件和机会，使他们发挥潜能，勇敢表现，在参与中与家人、其他运动员及整个社区分享快乐、交流技艺、增进友谊。

• 目标

特殊奥林匹克运动会的目标是：为智障人士提供参与社会的平等机会，使他们有机会成为对社会有用、被社会认可和尊重的公民。正如国际特奥会前主席萨金特·施莱佛先生所说：我们并不认为体育是特奥运动员奋斗的最终目标，我们也不希望体育在我们的生活中占据主导地位，我们是要通过体育帮助智障人士在其他方面的发展。因此，尽管我们也非常提倡竞争，并要求每个人做到最好，但我们并不非常看重胜利，而是看重如何通过运动提高他们的能力，增强他们的自尊和自信，改善他们的身体、心理和精神状况，以便他们更好地融入社会，成为对社会有用的人。希望通过特奥运动使人们看到智障人士的能力和内在的美丽，让这个世界同样为他们喝彩和骄傲。

67

奥运项目知多少

在奥运会的历史上，共出现了35个大项，53个分项和超过400个小项。而其中夏季奥运会包括28个大项和38个分项，冬季奥运会包括7个大项和15个分项。

1896年第一届现代奥运会只有9个比赛项目，如果赛艇项目没有被取消的话，那么第一届现代奥运会上的项目就会达到10个。此后，随着奥运会的影响力不断扩大，其规模越来越大，比赛项目也越来越多。到2008年北京奥运会，比赛项目已增至28个。2005年，国际奥委会在新加坡全会上决定，2012年伦敦奥运会只设26个大项，且今后每届奥运会最多不得超过28个大项。由此传递出一个信号：现代奥林匹克运动延续了几十年的"扩张主义"已经结束。

2007年，国际奥委会又通过一项改革决议：从2020年起，奥运会将确定25个核心项目，之后每届奥运会固定设这25个大项，另外最多可以增设3个临时项目。

最早的奥运会项目 >

第一届奥运会于1896年在雅典举行，比赛项目共有9个大项。

• 田径

田径比赛是此届奥运会中参赛国家和地区最多的一个项目。而第一次被列入现代奥运会的马拉松长跑则是田径项目中最引人注目的比赛。斯皮里顿·路易斯是一名普通的送水工，他在马拉松项目中夺冠，这也是希腊在本届奥运会田径比赛中唯一的冠军。路易斯此后被视作希腊的英雄。美国人罗伯特·加勒特是普林斯顿大学的一名学生，他在田径比赛中赢得了两个冠军（铁饼、铅球）和两个亚军（跳高、跳远）。

自行车

第一届奥运会上，法国人保罗·马森和里昂·弗拉明共夺得四个奥运会冠军。

场地自行车赛在当时新建的室内赛车场举行。另有一项公路赛，路线是从雅典行至马拉松并返回（全程约87千米）。公路赛的冠军被希腊人阿里斯提蒂斯·康斯坦丁尼迪斯获得。法国人保罗·马森在场地赛中发挥出色，共获得单圈计时、竞速和10千米比赛3个冠军。在千米公路比赛中，保罗·马森为他的同胞里昂·弗拉明领跑。里昂·弗拉明最后获得了此项目的冠军，尽管他在比赛时跌倒一次，并一度停下来等待他的对手希腊运动员科列蒂斯修理自行车。只有两人完成了12小时的计程赛，奥地利人阿道夫·施马尔获得了冠军，另一名英国选手弗兰克·基平获得第二名也是最后一名。

70

• 击剑

　　首届奥运会的击剑比赛在扎帕斯宫举行，场馆名称来自希腊人埃万杰洛斯·扎帕斯的名字，他本人曾于 1859 年在雅典组织召开了第一届泛希腊奥林匹克运动会。不同于其他项目的是，专业击剑选手被允许参加比赛。而不同于专业击剑选手的是，参加比赛的所谓"专业选手"们都认为击剑是一项绅士运动，因此他们在比赛时只发挥出了"业余水平"。

　　击剑比赛原计划分为 4 个项目，但重剑比赛被临时取消。法国人尤金·亨利·格拉夫洛特在业余花剑比赛中获胜。佩剑和职业花剑比赛的冠军被希腊击剑师们夺得，其中列奥尼达斯·匹尔古斯的职业花剑冠军也是希腊第一个现代奥运会冠军。

71

• 体操

　　首届奥运会的体操比赛被安排在帕那辛纳克体育场的露天操场上举行。德国派出了由 11 人组成的体操队，他们一共获得了 8 个项目中的 5 个冠军，包括男子单、双杠的两个团体冠军。赫尔曼·魏因加纳获单杠冠军，以及另外两个项目的亚军和一个项目的季军。阿尔弗雷德·弗拉托夫在双杠比赛中胜出。科尔·舒曼夺得跳马比赛的冠军，除此之外他还在摔跤比赛中夺冠。此外，来自瑞士的体操选手路易斯·朱特夺得了鞍马的冠军。希腊人约安涅斯·米特罗普洛斯和尼古拉斯·安德里亚科普洛斯分别在吊环和攀绳比赛中夺冠。

• 射击

　　首届奥运会的射击比赛在卡里地亚进行，射击比赛包括了三个手枪项目和两个步枪项目。首先进行的是军用步枪竞赛，希腊人卡拉塞夫达斯赢得冠军，他也是唯一将所有子弹都打在了靶上的选手。接下来是军用手枪赛，参赛选手中有一对美国兄弟萨姆纳·佩恩和约翰·佩恩发挥出色，后者夺得本项目冠军，其兄获亚军。最终他们决定只选一人参加接下来的自选手枪比赛，结果哥哥萨姆纳·佩恩在该项比赛中夺冠。兄弟二人也因此成为首对有亲属关系的奥运会冠军。此后，佩恩兄弟俩因枪管口径不符合要求而退出了接下来的手枪速射比赛。由于他们的缺席，希腊选手约安尼斯·弗兰古迪斯获得此项目的第一名，并在同一天举行的自选步枪比赛中获亚军。但是由于比赛当晚光线太暗，余下的参赛者只能改在第二天早上继续比赛，而此时希腊人吉奥吉欧斯·奥尔法尼迪斯已经在庆祝夺冠了。

• 游泳

　　与今天的奥运会游泳比赛所不同的是，第一届夏季奥运会的游泳比赛是在比雷埃夫斯海岸附近，日尔湾的海面上举行的。有近 20000 名观众被事先通知要去观看比赛。

　　游泳的所有 4 个项目都是在同一天举行的。对于来自匈牙利的阿尔弗雷德·哈约什而言，这意味着他只能参加其中的两个项目，因为每个项目之间的休息时间都非常短。然而他最终还是获得了 100 米和 1200 米自由泳的冠军。游泳比赛的第三项是 500 米的自由泳，来自澳大利亚的保罗·纽曼最终以领先第二名近 1 分半钟的成绩夺冠。除此之外，还有一场为海军水手安排的 100 米自由泳比赛。希腊皇家海军的约安尼斯·马洛金尼斯最终胜出。

• 网球

　　尽管网球在 19 世纪末就已经是一项很主流的运动，但并没有高水平的选手出现在首届奥运会上。网球比赛被安排在属于雅典宫廷的草地网球俱乐部中进行，另有几场比赛是在自行车赛场中央的空地上举行。 爱尔兰人约翰·庇尤·伯兰德当时正在雅典度假，他通过朋友介绍参加了奥运会的网球比赛，并轻松夺冠。在首轮比赛结束时，他战胜了曾在田径 800 米比赛中被淘汰的德国人弗里德里希·阿道夫·特劳恩。之后，二人决定组成一组进行接下来的网球双打比赛。在双打决赛中，他们最终击败对手夺冠。

75

• 举重

苏格兰人朗塞斯顿·埃利奥特在首届奥运会的单手举重项目中获得冠军。在当时举重还并不是一种十分流行的运动，比赛规则也同今天有很大不同。首届奥运会的举重比赛是在露天体育场的空地上举行的，且参赛运动员不受体重限制。第一项是双手举，比赛方式同今天的挺举很相似。有两名运动员在此项目中表现出色，他们是苏格兰人朗塞斯顿·埃利奥特和丹麦人维戈·詹森。在最后一次试举中他们都举起了相同的重量。但是裁判团认为维戈·詹森的举重方法更"好"一些，英国代表团对此表示了不满和抗议。在随后的附加赛中，双方都没能提升各自的成绩，最后维戈·詹森被判获胜。接下来的是单手抓举比赛，

由于维戈·詹森在双手举最后一次试举过程中受轻伤，朗塞斯顿·埃利奥特最终轻松夺冠。另外，朗塞斯顿·埃利奥特的身材受到希腊女性观众的大加赞赏，他甚至在赛后收到一封署名为"上流社会女人"的求婚信。

• 摔跤

　　首届奥运会的摔跤比赛没有体重级别限制，参赛者的体重各不相同。比赛地点也是在帕那辛纳克体育场的空地上。比赛规则同今天的古典式摔跤类似，但不允许腿上动作且一回合中没有时间限制。除了两名希腊选手外，其他参加摔跤比赛的运动员都曾参加过其他比赛项目。预赛的最后一场是举重冠军朗塞斯顿·埃利奥特对战体操冠军德国人科尔·舒曼，后者很轻松地战胜对手顺利晋级决赛。决赛中科尔·舒曼的对手是希腊人乔治奥斯·齐塔斯，决赛在进行了 40 分钟后因为天黑而被迫中止。次日，科尔·舒曼在不到 15 分钟的时间内战胜了对手齐塔斯，最终夺冠。

现代奥运项目的条件与要求 >

一个项目如果要设置为奥运会正式比赛项目，就必须满足以下基本条件：

只有在至少4个洲75个以上国家开展的男子体育运动项目、分项和至少在3个洲40个以上国家开展的女子体育运动项目、分项才能被列为夏季奥运会比赛项目。

只有在至少3个洲25个以上国家中开展的体育运动项目才能被列为冬季奥运会比赛项目。

奥运会中运动小项是运动项目或分项中的一项比赛，在奥运会中需要产生名次，并颁发奖章和奖状作为奖励。运动小项在被列为奥运会的正式比赛项目之前，首要的也是最重要的要求是在世界范围内有足够的开展这个项目的人数和地域，并且已经举行过至少两次洲际锦标赛。主要依赖机械动力推进的项目、分项和小项不能被列为奥运会比赛项目。

除正式比赛项目外，国际奥委会还授权东道国，可将本国开展较为普及的非奥运会正式项目的1~3个列为当届奥运会的表演赛，其他国家亦可派队参加。作为非正式比赛，获胜者不颁发奖牌。

最古老的项目——田径 >

田径是体育运动中最古老的运动。田径是奥林匹克运动的基石，最能体现奥林匹克"更快、更高、更强"的精神。田径也是奥运会设金牌最多的项目，因此有人用"得田径者得天下"来形容田径在奥运会金牌总数中所占的比重。

2008年第29届北京奥运会田径比赛共设47个比赛项目，其中男子有24项，女子有23项。具体设置如下：

男子：100米跑、200米跑、400米跑、800米跑、1500米跑、5000米跑、10000米跑、马拉松跑、3000米障碍跑、110米跨栏跑、400米跨栏跑、跳高、撑杆跳高、跳远、三级跳远、铅球、铁饼、链球、标枪、十项全能、20千米竞走、50千米竞走、4×100米接力、4×400米接力；

女子：100米跑、200米跑、400米跑、800米跑、1500米跑、5000米跑、10000米跑、马拉松跑、3000米障碍跑、100米跨栏跑、400米跨栏跑、跳高、跳远、三级跳远、撑竿跳高、铅球、铁饼、标枪、链球、七项全能、4×100米接力、4×400米接力、20千米竞走。

奥运会上最贵项目——马术 〉

奥运会上最奢侈的项目是什么? 毫无疑问,是有贵族运动之称的马术。马术比赛需要骑马者和马匹配合默契,考验马匹技巧、速度、耐力和跨越障碍的能力。作为奥运会比赛中唯一有动物参与的项目,不仅马匹本身十分昂贵,马匹的运输、饲养等环节也繁琐而费钱。

• 马匹身价高

奥运会的马术比赛,分为障碍赛、三日赛和盛装舞步骑术赛 3 类。按照不同的比赛要求,骑手们会选择不同的马匹。对于参赛马匹来说,不仅要血统纯正,还要训练有素。同一种类的马,因为调养程度不同,价格相差很大。

因此,能够参加奥运会的马匹均为训练有素的良种宝马,且价格不菲。能够出现在格林威治公园的赛马,最低的身价也要在 300 万人民币以上。

装备不便宜 〉

马术运动源自中世纪的欧洲贵族,因此这项运动从里到外都透着一个"贵"字。不光马贵,其他装备的价格也不菲。不要说参加奥运会的运动员的顶尖装备,就是一般马术俱乐部里的各种装备价格也令人咋舌。全套装备算下来,最少也要四五万元人民币。

• 饲养很费钱

参加奥运会马术比赛的赛马必须处处小心,否则很可能会因为吃、住、行的问题影响状态,甚至被取消奥运会的参赛资格。奥组委将参加马术比赛的赛马也列入了检测违禁药品的名单,如果马匹在赛后的药检呈阳性,运动员一样会被取消成绩。为了让赛马吃得好又不会陷入禁药问题,不少选手都精心为赛马准备饲料,还会给它们喂食营养品。

赛马的主食有玉米粒、豆粕、麸皮、苜蓿草等,同时需要补充一些苹果、胡萝卜等水果蔬菜。饲料中最贵的是富含维生素、各种矿物质的营养品。

力与美的结合——体操 ＞

体操给人们的第一印象就是它那完美的动作带给人们的视觉享受，然而在那优雅而又美丽的动作背后隐藏着的还有运动员的力量。

体操成为专门的体育比赛活动，特别是成为竞技性体操，经历了一段发展与完善的过程。"体操"一词，最早由古希腊语演变而来。1896年第1届雅典奥运会，设立了鞍马、吊环、跳马、双杠和单杠项目，还有攀绳。但当时没有自由体操项目，参赛的也只有男子选手。在以后的奥运会上，体操比赛先后增设了火棒操（后改为轻器械体操）、瑞典式体操、欧洲式体操等体操比赛。1932年洛杉矶第10届奥运会上，增设了自由体操，使竞技体操初具规模。1936年的柏林第11届奥运会上，体操比赛才真正形成目前的男子6项比赛；轻器械体操、瑞典式、欧洲式等体操比赛则从男子体操比赛中取消。这次奥运会还开设了女子体操比赛项目，但女子比赛项目的完善与定型是在1960年的第17届罗马奥运会才完成的。1984年，第23届洛杉矶奥运会上，艺术体操被列为正式比赛项目。2000年，第27届悉尼奥运会，蹦床被列为正式比赛项目。

按照教科书的分类，体操包括竞技体操、艺术体操、蹦床、健美操、技巧5个竞技性项目。目前，竞技体操、艺术体操、蹦床同属奥运会体操项目。

81

年轻的空中芭蕾——蹦床 〉

蹦床是一项运动员利用从蹦床反弹中表现杂技技巧的竞技运动，它属于体操运动的一种。蹦床有"空中芭蕾"之称。

蹦床的历史可以追溯到19世纪中叶北美的科曼奇印第安人，而在中国马戏团的杂技演员使用类似的蹦床至少也有200年的历史。

现代弹性蹦床的开创者是法国的杂技演员特朗波兰，他用麻绳编制成保护网，以加强"空中秋千飞人"的安全，并利用网的弹性将演员抛入空中，完成各种动作。20世纪30年代，美国跳水冠军尼森制作出类似于现在的蹦床，用来帮助自己训练跳水与翻转，后来他创办了"尼森蹦床公司"。第二次世界大战期间，美国利用蹦床训练飞行员和领航员的定位技能，取得良好效果。之后蹦床逐渐成为一项运动，在美国的中学、大学广泛开展。1947年美国在得克萨斯州举行首届全国蹦床表演赛，1948年起被列入正式比赛，后传入欧洲。1958年英国开始举行全英蹦床锦标赛，1964年在英国举行首届世界蹦床锦标赛，1969年在法国巴黎举行首届欧洲蹦床锦标赛。1999年，国际蹦床联合会成为国际体操联合的一个协会，并在2000年第27届奥运会成为正式比赛项目，设男、女个人两个项目，每个项目12名运动员参加比赛。

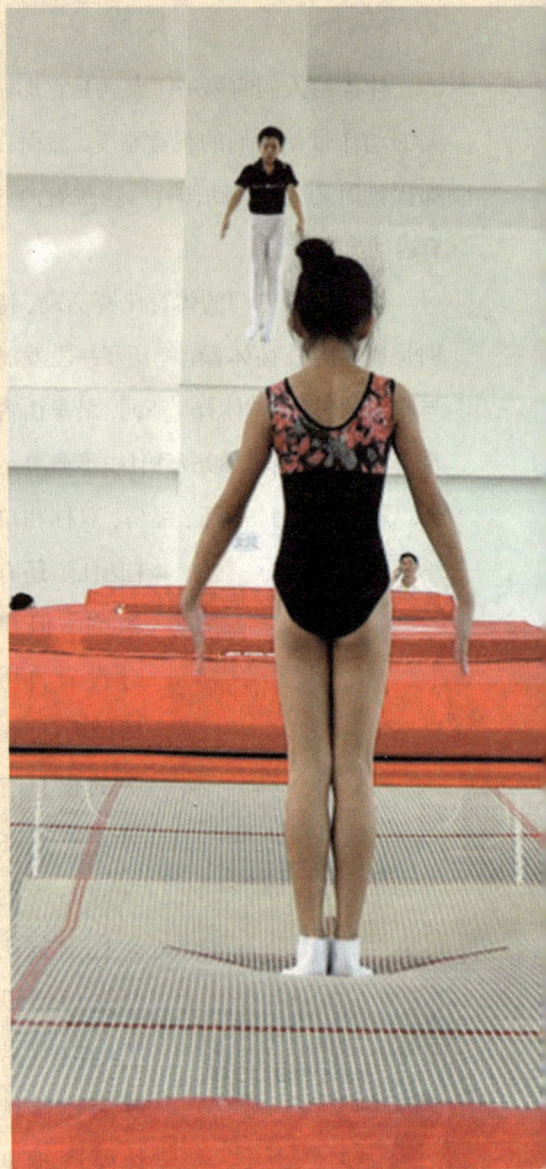

铁人三项 〉

铁人三项起源于美国。1974年2月17日，一群体育爱好者聚集在夏威夷的一家酒吧里，争论当地举办的渡海游泳赛、环岛自行车赛和檀香山马拉松赛哪个项目最有刺激性、挑战性，最能考验人的意志和体能。大家各抒己见，争论不休。最后，美国海军中校约翰·科林斯提出，谁能在一天内先在海里游3.8千米，然后乘自行车环岛骑行180千米，再跑完42.195千米的马拉松全程，中途不得停留，谁就是真正的铁人。科林斯的想法得到了大家的支持。第二天，有15人参加比赛，其中还有1位女选手。结果有14人赛完全程，第一名的成绩为11小时46分。于是，一项挑战自我、战胜自我的新型体育运动项目就在这种充满戏剧性、冒险性的情况下诞生了。

该次比赛结束后，人们就把这项一次连续组合完成游泳、自行车和长跑，并在运动员体能、速度和技巧上提供挑战的综合性体育运动项目称为"铁人三项"，追认该次比赛为首届世界铁人三项锦标赛。2000年悉尼奥运会首次将铁人三项列为奥运会比赛项目。

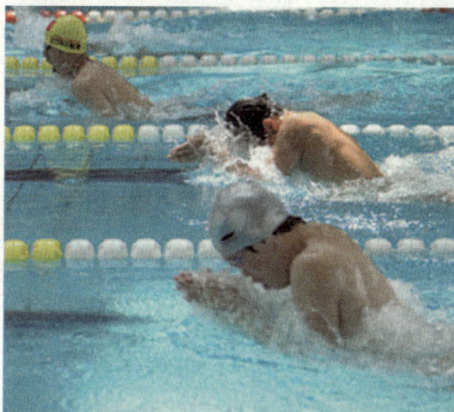

中国国球——乒乓球 >

乒乓球,在我国素有"国球"之称,是一种世界流行的球类体育项目。乒乓球运动起源于英国,由网球运动派生而来,因此它的英语官方名称是"table tennis",意即"桌上网球"。乒乓球源自19世纪末20世纪初,因其在桌上打来打去时发出"ping pong"的声音而得名,在中国就以"乒乓球"作为它的官方名称,香港及澳门等地区亦同时使用。而我国台湾地区和日本则称其为桌球,意指球桌上的球类运动。

1904年乒乓球运动从日本传入中国。最初是由上海四马路一家文具店的老板王道平从日本购回10套乒乓球器材,并在店内作表演,于是买乒乓球、打乒乓球的人逐渐增多,乒乓球开始在上海流行起来,各大城市也先后推广了这项运动。

20世纪50年代初,奥地利人发明了海绵球拍,日本运动员在世界比赛中使用这种球拍,并一举夺取得第19届世界锦标赛的4项冠军,打破了欧洲运动员在乒乓球运动上的垄断地位。由于日本运动员利用这种球拍创造的"远台长抽"进攻型打法,具有正手攻球力量大、速度快、发球抢攻威胁大等优点,因而速度慢、旋转弱、攻击力不强的欧洲防守型打法被逐渐取代,日本夺得了20世纪50年代乒乓球运动的优势。1952年到1959年,在49项

次世界冠军中，日本队夺得24次项次，占47%。这是乒乓球运动水平的第一次大提高。

1959年，容国团获得了第25届世界乒乓球锦标赛男子单打冠军后，中国运动员开始登上了国际乒坛，并逐渐形成了以"快、准、狠、变"为技术风格的"直拍近台"快攻打法。在1961年第26届世界锦标赛中，中国队不但征服了欧洲选手，还战胜了使用远台长抽加秘密武器——"弧圈球"打法的日本选手，第一次夺得了男子团体世界冠军，并连续获得第27、28届男子团体冠军。中国队近台快攻的优点是站位近、速度快、动作灵活、正反手运用自如，在日本远台长抽打法的基础上又大大前进了一步。20世纪60年代，中国乒乓球技术水平位于世界最前列，乒乓球运动的优势由日本转移到中国。这也是乒乓球运动水平的第二次大提高。

在日本、中国乒乓球运动发展的同时，欧洲运动员从失败中总结经验教训，经过近20年的努力，终于取日本弧圈球技术和中国近台快攻打法之长，创造出两种适合于他们的先进打法。一是以弧圈球为主结合快攻的打法，代表人物是匈牙利的克兰帕尔和约尼尔；二是以快攻为主结合弧圈球的打法，它是以正反手快攻为主要技术，用反手快拨快攻力争主动，以正手拉弧圈球寻找机会扣杀为得分手段，其代表人物是瑞典的本格森、捷克的奥洛夫斯基等。这两种打法的特点是速度快，能拉能打，低拉高打，回旋余地较大。自此乒乓球运动又推进到放置和速度紧密结合的新高度。这是乒乓球运动水平的第三次大提高。

中国在乒乓球运动中占有很高的地位。自20世纪60年代以来，中国选手取得世界乒乓球比赛的大部分冠军，甚至多次包揽整个赛事的所有冠军。

最有争议的比赛——拳击 >

奥运会的拳击比赛向来是最有争议的比赛，可以说是抗议、示威、互殴、攻击裁判的历史。这其中以1924年第8届巴黎奥运会的中量级准决赛最具代表性。

第8届奥运会上，来自伦敦的32岁警察哈里·马林到巴黎是为寻求梦想中的中量级金牌的卫冕。准决赛中，他的对手是法国23岁的年轻选手罗格·布劳斯。

准决赛结束之后，哈里·马林走向比利时籍的主裁判，向他指出自己胸前很多明显的齿痕。然而，比利时裁判似乎不知他的用意，仍旧按照既定程序宣判比赛结果。

在场专家看来这场比赛应是哈里·马林获胜，可宣判的结果却是哈里·马林以1:2输给罗格·布劳斯，而南非裁判判定哈里·马林获胜。

比赛结果宣布之后，意大利和比利时裁判没有多说什么就离开了比赛场地。只有一位瑞典籍的国际拳击总

会委员表示抗议，他指出罗格·布劳斯有很多违规小动作，要求重新判决。

为此召开了一场听证会，之后要求两人重新出场，并且仔细检验哈里·马林身上的多处齿痕。因为罗格·布劳斯在前一场比赛时也曾经对他的对手、一位阿根廷选手做出咬人动作，情况似乎对这位法国选手不利。

但是罗格·布劳斯的支持者指出，出拳时咬牙、含着下唇是罗格·布劳斯习惯性的动作，已经成为他的招牌。哈里·马林是在闪避罗格·布劳斯的攻击时，靠在他的头与肩膀之间，齿痕就是这样在闪躲时摩擦出来的。

听证会评审们相信罗格·布劳斯不是故意咬人，但因为动作违规，仍然判他失去比赛资格。判决宣布之后，罗格·布

劳斯无法相信，他泪流满面，似乎极度伤心。而最为疯狂的是法国群众，他们群情激奋，把整个体育馆围得水泄不通，比赛局面陷于失控。

罗格·布劳斯的支持者们将他抬在肩上，绕着体育馆来回游行。示威的群众在体育馆外面不断地鸣响汽笛、播放喇叭、大喊大叫，以此表达他们强烈的不满情绪，并且数次试图冲进体育馆内。

筹委会万般无奈，最后动用了镇暴警察来维持秩序。一个小时以后，围观的群众才慢慢平静下来。拳击裁判和工作人员也受到了民众的攻击，最后迫使冠军战延后。

决赛当晚，先是意大利一位重量级和一位轻重量级选手因抗议裁判不公退出比赛。在轻量级决赛进行完毕时，有100多位阿根廷拳击迷拥进体育馆，与法国观众形成对峙，态势立刻陷入紧张。

当两位中量级决赛选手进场时，现场顿时陷入混乱局面。法国观众因为罗格·布劳斯的事情一边倒，为哈里·马林喝倒彩，而事实上两位决赛选手都是英国人，不过哈里·马林并没有受影响，他仍然凭着过硬的技术和丰富的经验战胜了自己的队友，实现了他的梦想，卫冕冠军。

英国媒体对引起纷争的罗格·布劳斯冷嘲热讽，他们尖锐地指出："奥运会怎么能允许一位吃人肉的选手参加比赛？这是拳击比赛，不是吃肉比赛。"另一家报纸更是讽刺道："先前已经咬过阿根廷人肉味道的罗格·布劳斯，又企图尝尝英国人肉。"

英国奥委会官员在赛后宣称，这场比赛是在混乱之下进行的，现场的法国观众大肆喧嚣，阻挡住了观众的视线，使得他们对比赛内容并不清楚。混乱不堪的局面，使得一些本来就不赞成举行

拳击比赛的批评人士提议，要求国际奥委会废除奥运会中的拳击比赛。虽然拳击比赛经常引起纠纷，但它悠久的历史以及在奥运会中的地位，使得奥委会很难将它淘汰掉，所以每届奥运会仍然将其列入比赛。

现代冬季两项 >

现代冬季两项是越野滑雪和射击相结合的运动，要求运动员身背专用小口径步枪，每滑行一段距离进行一次射击，最先到达终点者即为优胜。

现代冬季两项起源于斯堪的纳维亚半岛，由远古时代的滑雪狩猎演变而来。1767年挪威边防军滑雪巡逻队举行了滑雪射击比赛，据记载，这是世界上最早的现代冬季两项比赛。1861年挪威成立世界上最早的滑雪射击俱乐部。1912年挪威军队在奥斯陆举行名为"为了战争"的滑雪射击比赛。后逐渐在欧美国家开展，成为一种体育运动项目。1924年这项运动被列为首届冬奥会表演项目，1960年被列为冬奥会正式比赛项目，并定名为现代冬季两项。比赛时，运动员要脚穿滑雪板，手持滑雪杖，携带枪支，沿标记的滑道，按正确的方向和顺序滑完预定的全程。个人赛采用单人出发，间隔时间为30秒或60秒；接力项目第一棒采用集体出发，以后则在交接区接棒出发。男子20公里和女子15公里射击4次，射击姿势及顺序为卧射、立射、卧射、立射，每次5发子弹。男子10公里，女子7.5,公里和男、女4×7.5公里接力均射击两次，射击姿势及顺序为卧射、立射，个人赛每次发子弹，接力赛每人每次8发子弹。

"消失"了的奥运项目 〉

• 旱冰曲棍球

这是一种穿着直排花旱冰鞋打的曲棍球，但速度比普通的曲棍球要快得多。旱冰曲棍球是 1992 年巴塞罗那奥运会的表演项目，但此后再也没有出现在奥运会上。

• 槌球

这曾是 1900 年的奥运会比赛项目。它的玩法如下：用一个槌球棒将球赶进一个一个的门里，门也好做，在草地上插上铁丝就行。在那一年的奥运会上，所有的槌球比赛都被法国选手赢得，因为那届比赛上所有的选手不论男女，都是法国人。

• 回力球

回力球事实上是室内网球的"直系子孙"，在很大程度上与壁球或短拍壁球相似，但选手不用球拍，而是用一个弯曲的篮子把球向墙壁上推。回力球第一次也是最后一次成为奥运会正式项目是在 1900 年的巴黎奥运会上，比赛双方是法国和西班牙，最后西班牙人把金牌拿回了家。在 1924 年、1968 年和 1992 年的奥运会上，回力球都是表演项目。

89

• 长曲棍球

这项运动有点像现在的曲棍球，是一种比赛参赛双方手持节袋曲棍抢球并设法射门得分的团队球类运动，所使用的工具就是一根顶端具有网状袋子的长棍。长曲棍球是1904年和1908年奥运会的正式项目。

• 汽艇

汽艇是1908年第4届伦敦奥运会的比赛项目。汽艇又叫摩托艇，比赛时有8艘8米长或者60英尺（约18.3米）长、装配有电动机的摩托艇参加，绕一个特别的跑道比赛5圈（或者40海里，约74080米）。该项运动仅限男子参加。在1908年奥运会中只有三艘汽艇参加了比赛。参赛国也仅有英法两国。最终英国队获胜。后来这项运动被从奥运会项目中取消，再也没有入选。

• 室内网球

这是现代网球的前身。1908年成为伦敦奥运会的比赛项目。这项贵族化的运动后来就不那么流行了，在1928年第9届阿姆斯特丹奥运会上作为表演项目，之后便渐渐淡出奥运会。

• 板球

板球唯一一次成为奥运会的正式项目是在1900年第2届巴黎奥运会上。在该届奥运会上，板球最后的决赛在英国和法国之间进行。最有趣的是，法国队的大部分球员是英国人。

• 马球

马球是一项传统运动，是一项提起来就能让人想到贵族的运动。马球曾是1900年、1908年、1920年、1924年和1936年的奥运会项目。马球运动有着非常有趣的问题：马算不算运动员呢？在开幕式上它们也被允许与运动员一样参加吗？

• 高尔夫球

高尔夫球是一种以棒击球入穴的球类运动。它是一种把体育锻炼、游戏和享受大自然乐趣三者合一的运动。这项运动只在 1900 年 和 1904 年成为奥运会项目。1904 年 的高尔夫球金牌被加拿大人乔治·里昂夺取，夺冠后他非常兴奋，在颁奖仪式上，他一直用双手倒立着走来走去。

• 拔河

拔河曾是 1900 年、1904 年、1906 年、1908 年、1912 年和 1920 年的奥运会比赛项目。在那几届奥运会上，英国人和美国人拿走了比赛的大部分奖牌。拔河比赛的规则十分简单，即双方各有 8 名男子上场，先把对方抱出 6 英尺（约 1.83 米）的一方获胜。如果双方在规定时间内势均力敌，裁判会延长比赛时间，然后宣布抱出距离更长的一方获生。

● 奥运人物

　　奥林匹克运动的发展和兴盛，离不开从古到今一代代人的薪火相传。他们当中有现代奥运的组织者、推动者和领导者，如现代奥林匹克运动的发起人——顾拜旦，让奥运会由挫折走向成功的改革家——萨马兰奇，也有那些不断在赛场上创造着运动奇迹的体育健儿，如改写奥运历史的美国田径运动员——卡尔·刘易斯，奥运会中国首金得主许海峰……他们创造了历史，历史也造就了他们。

92

"现代奥林匹克之父"——顾拜旦

顾拜旦，是法国著名教育家、国际体育活动家、教育学家和历史学家，现代奥林匹克运动的发起人。1863年1月1日他出生于法国巴黎一个非常富有的贵族家庭。1896～1925年，他曾任国际奥林匹克委员会主席，并设计了奥运会会徽、奥运会会旗。由于对奥林匹克不朽的功绩，他被誉为"现代奥林匹克之父"。

1888年5月，顾拜旦针对学生"学业过劳"，提出"唯一解决的办法是叫孩子们游戏"。1889年5月，他利用万国博览会召开体育会议和学生运动会。1892年，他呼吁复兴奥林匹克运动。之后于1894年6月成立了奥林匹克委员会，并于1896年在雅典召开了第一届奥林匹克运动会。现在奥林匹克已成为世界规模的体育盛会，他倡导的奥林匹克精神传遍了全球。

为捍卫奥林匹克精神的纯洁性，1912年，顾拜旦在斯德哥尔摩奥运会期间，发表了他的名作《体育颂》。在作品中他热情地讴歌了体育，抒发了他的奥林匹克理想。为此，他荣获了该届奥运会文学艺术比赛的金质奖章。

1913年，顾拜旦精心地为国际奥委会设计了会旗。会旗图案白底、无边，中间有蓝、黑、红、黄、绿五种颜色组成的相互套连的五环，这五个彩色圆环象征着五大洲的团结，以及全世界运动员以公正、坦率的比赛和友好的精神在奥林匹克运动会上相见。白色则象征着纯洁。

此外，顾拜旦还在体育方面开拓了运动心理学的领域。他先后发表了《运动心理学试论》（1913年）和《竞技运动教育学》（1919年）等著作，还发表了有关运动分类的见解，为体育学术研究做出了自己的贡献。

从1896年至1925年，顾拜旦一直担任国际奥委会主席，负责该组织的领导工作。在他任职期间，国际奥委会成员由14个发展到40个。同时，在他的支持下，先后成立了20多个国际专项运动联合会。1924年，他因年事已高，主动辞去担任28年之久的国际奥委会主席职务，但他被聘为终身名誉主席。

奥运教父——萨马兰奇 〉

年轻时他外形俊朗，风度翩翩；22岁步入商界不久，他就成为巴塞罗那一家著名纺织企业的总经理；他是一位银行家，是世界许多知名企业董事会的成员；

他曾是西班牙举足轻重的政治风云人物，担任过巴塞罗那市议会议长、西班牙体委主任和西班牙驻苏大使等重要职务；在他担任主席期间，国际奥委会成为全球成员最多的国际组织，奥运会也走出

低谷，火爆兴盛，奥运赛场更是变得异彩纷呈；更主要的是，他是一个不折不扣的改革家，体育商业化、奥运职业化等都是他的首创……

萨马兰奇，1920年出生于巴塞罗那伊伦大街28号。从幼年时起，萨马兰奇就迷上了体育运动，曲棍球、滑雪、射击、帆船、马术、拳击以及高尔夫球等陪伴他度过了美好的少年时光。9年级的时候，萨马兰奇迷上了曲棍球，还曾是巴塞罗那小有名气的少年曲球棍手。

后来他成为巴塞罗那一家著名纺织企业的总经理。也是在那时，他喜欢上了风靡西班牙的旱冰运动。1942年，他在西班牙皇家体育俱乐部创建了西班牙第一支旱冰球队，从此与体育结下了不解之缘。

萨马兰奇首次接触奥运会是在1952年第15届赫尔辛基奥运会上，当时他作为记者参与奥运会报道。1966年，萨马兰奇加入国际奥委会。1980年，在国际奥委会工作了14年之后，60岁的萨马兰奇成为

历史上第7位国际奥委会主席。

　　萨马兰奇上任之初正值奥运事业的困难时期，奥运会在"冷战"阴云笼罩之下岌岌可危。萨马兰奇顶风而上，积极推动职业运动员参加奥运会，从而让奥运会更加精彩。

　　萨马兰奇是一个不折不扣的改革家，体育商业化、奥运职业化等都是他的首创。1976年第21届蒙特利尔奥运会出现了巨大的财政亏损；当时盛行的种族隔离制度也让奥运会阴影不断，很多非洲国家拒绝出席此次奥运会，如此大规模的集体抵制在奥运史上是空前的。1980年第22届莫斯科奥运会，因为苏联入侵阿富汗，而受到美国等多个国家的强烈抵制，国际奥委会承认的147个国家和地区的奥委会，公开拒绝参加的约占2/5。到了1984年第23届洛杉矶奥运会，苏联及其他东欧国家出于报复也进行了抵制。

　　几届奥运会的连败，让这项体育盛会像瘟疫一样让人避之唯恐不及。在这种情况下，1984年的奥运会只有洛杉矶一个城市申办。然而得到申办权的洛杉矶却得不到来自政府方面的任何资金支持，美国政府和洛杉矶市议会都明确表

示不会提供财政支持，洛杉矶只好向国际奥委会申请，要求允许以民间方式由私人主办奥运会。在此之前，国际奥委会没有由私人举办过奥运会，《奥林匹克宪章》也明确规定只能由城市主办奥运会。

面对这样的局势，萨马兰奇别无选择，改革已是必然，商业化将是奥运会的唯一出路。国际奥委会同意洛杉矶不用新建任何场馆；通过出卖电视转播权等方式，洛杉矶奥运会共赢得2亿多美元的收益，成为历史上第一届盈利的奥运会。

洛杉矶的成功让奄奄一息的奥运会有了喘息的机会。1992年，奥运会在萨马兰奇的故乡巴塞罗那举行，所有的成员国都派团参加，巴塞罗那奥运会再次成为一个赚钱的盛会，各种赞助以及出售电视转播权的收入让奥运会主办机构收益颇丰，奥运的商业化使得人们对于奥运会的激情越来越浓厚。

1996年现代奥运会100周年时，萨马兰奇说："商业化是使体育适应现代社会的最强有力的因素。"那一年，他把奥林匹克的五环标志搬到了亚特兰大，那是大赞助商可口可乐的总部，萨马兰奇亲手

把奥林匹克运动由烧钱黑洞变成了一个现代商业动作的典范。

担任国际奥委会主席21年中，萨马兰奇的足迹遍布五大洲190多个国家和地区，他每天大约工作13个小时，几乎不拒绝任何一个邀请或提问，为国际体育事业做出了巨大的贡献。其间他经历了无数的曲折和磨难，但他始终是国际体坛一面不倒的旗帜。

中国人民的好朋友

　　1978 年，萨马兰奇首次访华，其后又多次到过中国。他认识到中国在世界事务中的潜力和重要性，因此在 1979 年中国恢复在国际奥委会中的合法席位后，他大力支持中国在国际奥委会中发挥作用。1997 年 10 月 12 日，萨马兰奇访问中国，并参加了中国第 8 届全国运动会的开幕式，时任中国国家主席江泽民接见了他。2001 年 7 月 13 日，萨马兰奇在莫斯科向全世界宣布中国北京赢得了 2008 年奥运会举办权，全中国为之欢腾。萨马兰奇退休前的最大心愿，就是希望奥运会能在中国举行，北京成功取得 2008 年夏季奥林匹克运动会的主办权，让他完成了心愿。萨马兰奇一直是中国人民的好朋友，他曾经说过："我在全世界取得过许多荣誉学位和荣誉称号，但最珍惜的是被称为'中国人民的好朋友'。"

97

获得冠军的奥委会主席 〉

西格弗里德·埃德斯特伦（1870–1964年）是瑞典人，他于1946—1952年担任国际奥委会第四任主席。这位瑞典体育活动家，曾就读于查尔默工科大学和瑞士苏黎世综合工艺学院，担任过动力工程师。除短跑等田径运动外，他还爱好赛艇和摔跤。大学时期，他曾获得短跑比赛冠军，并创下瑞典150米国家短跑纪录——16.4秒。

西格弗里德·埃德斯特伦的继任者，国际奥委会第五任主席艾弗里·布伦戴奇（1887—1975年）是美国体育活动家。他特别喜爱田径和篮球，高中毕业后，布伦戴奇进入伊利诺伊大学学习工程技术专业，并以第一名的优异成绩毕业。在校期间，他是学校篮球校队主将、铁饼及十项运动冠军。这期间，他还夺得过美国中西部大学田径运动会数项冠军。

1912年，艾弗里·布伦戴奇参加了第5届斯德哥尔摩奥运会，获得田径比赛五项全能第5名。此后，在1914年、1916年和1918年，艾弗里·布伦戴奇3次获得美国田径全能冠军。

"全能选手"——罗格 〉

萨马兰奇对他的继任者雅克·罗格的评价是："雅克·罗格是一位无可指责的国际奥委会主席候选人。他的过去没有任何阴影，是一位从小就信守承诺和独立自主的比利时人。他曾经是一位运动员，作为帆船选手参加过3届奥运会。他从大海中获益匪浅，也学到了征服它的艺术：坚定、力量、与外界因素和孤独

抗争。这些在帆船运动中学到的有价值的东西，必将在他日后担任主席的工作中起到作用。自从他主持欧洲国家奥委会总会的工作以来，他便成为在奥委会内部活动的一个活跃角色。可以说，罗格博士的当选是众望所归。"

在至今的8位国际奥委会主席中，雅克·罗格是当之无愧的"全能选手"。雅克·罗格于1942年5月2日出生于比利时根特。年轻时，罗格就表现出极高的体育天赋。他曾是一位帆船运动员，曾夺得帆船项目的1次世界冠军、2次世界亚军，参加过1968、1972和1976年奥运会。他还曾入选比利时国家橄榄球队，代表国家队出场10次。

雅克·罗格退役后，进入比利时根特大学学习，获得医学博士学位，成为了一名整形外科医生。雅克·罗格对现代艺术情有独钟，同时他还是位语言天才，精通荷兰语、英语、法语、德语和西班牙语。

1989年，雅克·罗格当选欧洲奥委会主席，两年后当选国际奥委会委员。1991年进入国际奥委会后，雅克·罗格的全能素质得到越来越多的发挥。1998年他当选为国际奥委会执行委员。2001年7月，他当选国际奥委会第八任主席。

现代奥运会首金得主 〉

第1届奥运会在1896年4月6日举行。美国的康诺利成为现代奥运会的第一枚金牌获得者，他在三级跳远赛中以13.71米拿下了冠军。

1896年，首届现代奥运会在希腊首都雅典举行。美国哈佛大学古代语言专业学生康诺利听到消息后跃跃欲试。但校方认为他去参加比赛违反哈佛的学籍管理制度，坚决不同意他去参赛。康诺

利没有听从学校的劝告,毅然决定前往雅典,并且靠兼职卖蛋糕凑齐了路费。当年的奥运会三级跳远比赛共有5个国家7名运动员参加角逐,康诺利以13.71米的成绩位列第一。比赛过程中,康诺利曾脱下身上的红色毛衣和连续做摆腿动作两次,这些做法一度引起争议。人们在重新研究规则后,认定其并未违规,至此这次比赛的冠军才花落美国。

康诺利载誉而归后,哈佛大学却以"破坏校规"为名,开除了他的学籍。坚强的康诺利并未因此放弃从事体育训练,4年后他再次远渡重洋来到法国巴黎,参加了旷日持久、被称为"马拉松式"的第2届奥运会,并以13.97米的成绩,获得了三级跳远的银牌。后来康诺利通过努力成为一个颇有名气的记者和作家,并与他的校友、美国总统罗斯福结为挚友。

半个世纪之后,奥运会的影响越来越深远,奥运冠军常常得到英雄般的膜拜,哈佛大学终于意识到了自己的错误。1949年,哈佛大学找到康诺利,授予这位因被除名而没有从哈佛毕业的校友以名誉博士学位,表彰他对现代奥林匹克运动所做出的卓越贡献。这一年,康诺利已经是80岁的老者了。

女子奥运冠军第一人 >

夏洛特·库珀是一名英国网球运动员，是1900年第2届巴黎奥运会女子网球单打冠军，同时也是世界上第一个获得奥运会冠军的女性。

1900年第2届奥运会在法国巴黎举行，为扩大影响，顾拜旦特意安排这届奥运会与世界博览会同期举行。但这是一个错误的决定，法国政府承办两大会务的主要负责人阿夫雷德·皮卡尔，显然对巴黎世界博览会的兴趣要大得多。他把奥运会办成了招揽世界博览会观众的体育表演，没有正式的开幕及闭幕仪式，赛事前后持续5个多月之久。顾拜旦多方努力未果，以他为代表的国际奥委会失去了控制权，这却给了女性敲开奥运会大门的机会。

22名女性运动员通过世博会筹委会体育部，报名参加了网球、高尔夫球等项目的角逐。该届奥运会上英国选手夏洛特·库珀在女子网球单打赛中击败法国人海琳·普雷沃斯特，成为第一个真正意义上的女子奥运冠军。

赛后，夏洛克·库珀立即前往巴黎著名的时装店，大肆血拼以资庆祝，直到网球男女混合双打项目快开赛的时候，她才拎着一大包新买的衣服赶回赛场。随后她与英国男选手雷金纳德合作默契，再将混合双打的冠军收入囊中。

首位奥运女子冠军的出现，使巴黎奥运会在奥林匹克运动史上具有了划时代的意义——开创了女子运动走上世界体坛的先河。虽然没得到国际奥委会的正式认可，但女性选手从此再没离开过奥运舞台。随后，有关女性能否参加奥运会的争论越来越激烈，国际奥委会决定采取折中方案：既不禁止也不承认奥运会女子参赛资格。直到1928年，荷兰阿姆斯特丹奥运会终于正式向女性敞开大门，200多名女运动员参赛，并首次参加奥运会主体项目——田径比赛。

连续四次获得跳远金牌的运动员 〉

卡尔·刘易斯是美国黑人田径超级巨星，著名的短跑家和跳远名将。他在4届奥运会中赢得9枚奥运金牌，并在同一个项目上连续4次获得金牌。

卡尔·刘易斯出生于美国的一个体育世家，受家庭环境的影响，他在很小时就开始进行田径训练。1979年他进入休斯顿大学学习，在著名教练汤姆·泰勒斯的指导下开始了新的训练生活，运动成绩也由此突飞猛进。1980年刘易斯入选美国奥林匹克代表队，1981年起开始在美国和世界田坛称雄，其短跑和跳远技术堪称典范。

1984年，第23届奥运会在美国洛杉矶举行，卡尔·刘易斯不负众望，在男子100米、200米、4×100米接力赛和跳远四个项目上独揽金牌。这名年轻人在该届奥运会上实现了自己赶超欧文斯夺金纪录的梦想，成为"欧文斯第二"。1988年第24届汉城奥运会上，他又荣获100米冠军和200米亚军，并成功卫冕跳远项目冠军。1992年第26届巴塞罗那奥运会上，刘易斯在跳远项目中击败对手迈克·鲍威尔，赢得了在跳远项目上的第三枚奥运金牌；此外他还在男子4×100米接力赛中取得第一。在1996年第26届亚特兰大奥运会上，35岁的卡尔·刘易斯再次在跳远项目中夺冠，这也是他第四次在奥运会上获得跳远金牌，堪称奇迹。

奥运会中国首金得主 〉

许海峰，中国男子射击队运动员，在1984年第23届洛杉矶奥运会上，获男子手枪60发慢射冠军，成为该届奥运会首枚金牌得主，同时也是中国奥运会历史上的首位冠军，打破了中国奥运史上金牌"零"的纪录。从教后，他带领选手获得了两枚奥运会金牌。许海峰是名副其实的金牌运动员和金牌教练。

奥运金牌王 〉

菲尔普斯是18个奥运金牌得主,罕见的游泳奇才。他已经被一些人视为他所从事的运动历史上最伟大的全能运动员。在2004年的美国选拔赛中,菲尔普斯取得了6个单人游泳项目的雅典奥运会参赛资格。在雅典奥运会上,他最终获得了6枚金牌、2枚铜牌。在2008年第29届北京奥运会上他又破纪录地独揽8枚金牌而震惊世界。2011年,菲尔普斯在上海游泳世锦赛上共夺得4枚金牌、2枚银牌和1枚铜牌。2012年伦敦奥运会中菲尔普斯获得男子200米蝶泳银牌,并带领美国游泳队获得男子4×200米自由泳接力金牌;随后,在男子100米蝶泳决赛中获得金牌。2012年伦敦奥运会后,菲尔普斯退役。

奥运会上,菲尔普斯共获得18枚金牌、2枚银牌、2枚铜牌,前无古人,成为现代奥运会历史上获得金牌数量以及奖牌数量最多的运动员。为此,国际泳联为菲尔普斯颁发了特别奖——"最伟大的奥林匹克运动员"。

体操史上的满分 〉

娜迪亚·科马内奇是罗马尼亚的体操明星，她是第一个在奥运会体操比赛中获得满分的运动员，被称为"体操皇后"。在1976年第21届蒙特利尔奥运会和1980年第22届莫斯科奥运会上，她一共为罗马尼亚夺得9枚奥运奖牌。

娜迪亚·科马内奇是1976年加拿大蒙特利尔奥运会的明星，当时年仅14岁的她用自己完美的表现征服了场上的所有裁判，赢得了10分的满分。但这只是她在蒙特利尔表演的前奏。在该届奥运会上，她一共拿下7个满分，夺得了高低杠、平衡木以及个人全能3枚金牌。美国电视台将她的表演配上美国流行音乐，并将这首歌改名为《娜迪亚旋律》。娜迪亚·科马内奇开创了体操的新时代，自她以后，女子体操走向了高难度。娜迪亚·科马内奇的美丽更是赛场上一道靓丽的风景，即使在她41岁"高龄"时，风采依旧不减，她苗条的身材使同行艳羡不已。

1980年第22届莫斯科奥运会后，由于身体已经不允许她继续从事体操项目的比赛，在1981年拿下世界大学生运动会的冠军后，她便离开了赛场。

乒乓球被称为中国的"国球"，近几十年来，中国军团在世界乒坛一枝独秀，同时也造就了许多乒坛传奇。在这些传奇中，邓亚萍在许多方面都可以称得上是世界之最。

从16岁开始，邓亚萍连续在5届世锦赛中获得9枚金牌、5枚银牌，开创了长达10年的"邓亚萍时代"。在1992年第25届巴塞罗那奥运会、1996年第26届亚特兰大奥运会上，她共获得4枚金牌，除蝉联女子单打冠军之外，还与乔红搭档蝉联女双冠军。

迄今为止，邓亚萍是第一位在奥运会上蝉联乒乓球单打冠军的运动员。在退役之前，她一共获得过18个世界大赛的冠军，仅次于王楠的23个。此外，邓亚萍还创造了一个纪录：从来不输给同一个人两次。在外国选手中，邓亚萍只输给过3个人：朝鲜的李粉姬、俞顺福和瑞典的斯文森，在此后的比赛中，邓亚萍都赢了回来。

获得过奥运奖牌的国王 〉

奥运会上从来就不乏王公贵族的身影。不过，赢得奥运奖牌的国王只有寥寥几位。

崇尚体育运动的古希腊人认为，只有到专门的场所接受运动训练的人，才算是有教养的人，否则将被视为低微卑贱者。缘于这种社会风气，古希腊的王公贵族们也都热衷此道，并且对奥运会跃跃欲试。古代奥运史上唯一的女冠军就是一位公主，她就是斯巴达国王阿格希洛二世的妹妹茜妮丝卡。这位胆大的公主女扮男装，夺得了马术比赛的冠军。当人们得知这位冠军是一位姑娘时，不禁一片哗然。好在当时正值希腊最民主的时期，人们宽恕了她的行为，不仅承认了她的成绩，而且还为她立了塑像。

- 菲利普二世：最早的奥运冠军国王

最早获得古代奥运冠军的国王，出现于公元前 356 年。带领马其顿王国征服希腊的菲利普二世，参加了当年古代奥运会的战车赛和赛马两个项目的角逐，并在赛马比赛中获得冠军。为了庆祝胜利，这位马其顿国王发行了两枚刻有赛马、赛车图案和自己名字的银币，这也是最早的奥运纪念币。

然而，菲利普二世的冠军头衔其实并非亲自赢取的。作为危险性极高又很受欢迎的竞技运动，当时的战车赛和赛马规定，车主或马主可以不必亲自参加比赛，而是由雇用士兵和穷人参赛。如果胜出的话，获胜者却反倒不是这些参赛者，而是车主或马主。这一规定使王公贵族们不用出力就能轻松实现奥运冠军之梦，也因此受到了上流阶级的欢迎。这些项目被后人称为"王者竞技"，很快发展成为一种财富、权势和地位的较量。

• 尼禄: 最"全能"的君主冠军

另一位获得古代奥运冠军的君主,是臭名昭著的古罗马皇帝尼禄。以残暴、荒淫闻名的尼禄,热衷艺术与体育。公元66～67年,他前往罗马统治下的希腊进行为期1年的出访,在那里他参加了古希腊所有的大型竞技会,一口气为自己赢得了1000多项桂冠。为了亲自参与奥运盛会,他迫使原定于公元68年举行的第211届奥运会提前1年召开。为满足自己的喜好,他还下令在这届奥运会上增设音乐及诗歌比赛,这在奥运史上是绝无仅有的。

当这位专制君主以1000辆马车开道,排场盛大地驾临奥运圣地,试问有哪个裁判和运动员敢成为他获取冠军的"绊脚石"?所以他不仅在音乐竞赛中胜出,在自己雇用选手参加的赛马、传令竞赛等6个项目中,也无一例外地获胜。尤其是在战车赛中,尼禄亲自披挂上阵。按照规定,这个项目的参赛战车只能套4匹马,而尼禄的豪华战车足足套了10匹。上场不久尼禄就从马车上掉了下来,但大会还是把这项桂冠授予了他。

颁奖仪式上,尼禄感言:

"只有希腊人才懂得如何欣赏我。"对于希腊裁判的"明智",这位皇帝相当满意,除了赐予这些裁判员罗马市民权外,更赏赐他们一大笔钱。当他凯旋时,市民们夹道欢迎并高呼:"万岁,奥林匹亚的优胜者!"1年后,尼禄在叛乱出逃的路上自杀身亡。这位不可一世的暴君用人生的最后辉煌给崇尚公正、严明的奥运会留下了一个污点。

• 奥拉夫五世：首夺现代奥运金牌的王室成员

现代奥运会的金牌得主中也有两位国王，不过他们在获得奥运冠军时都还只是王储。现代奥运史上首位获得金牌的王室成员是被誉为"布衣天子"的挪威前国王奥拉夫五世。热爱体育运动的奥拉夫在耄耋之年还坚持滑雪，被挪威人称为"体育之王"。因为酷爱航海，他曾是一名出色的帆船运动员。

1928 年，还是王储的奥拉夫代表挪威队参加阿姆斯特丹奥运会的帆船比赛。决赛中，他们驾驶的"诺尔纳"号率先冲过终点，勇夺 6 米型赛的金牌。当奥拉夫带着奥运金牌凯旋时，挪威人给予了他最热烈的欢迎，王储的声望一时间达到顶点。

1957 年继承王位后，奥拉夫五世不仅以平易近人、作风简朴得到人民的爱戴，更大力支持挪威的体育事业。作为奥运冠军国王，他鼓励运动员多参加国际比赛。在他的影响下，挪威王室成员个个都成为了运动高手，现任国王哈拉尔五世也曾是奥运选手。鉴于奥拉夫五世对奥运事业的贡献，国际奥委会于 1982 年授予他奥林匹克金质勋章。

108

• 康斯坦丁二世: 末代国王因奥运重返故里

现居伦敦的希腊最后一任国王康斯坦丁二世也曾是位奥运冠军。1960 年第 17 届罗马奥运会开幕式上，希腊代表团的旗手正是 20 岁的希腊王储康斯坦丁。他在那届奥运会的帆船比赛中与队友配合默契，获得了"龙"形帆船赛项目的冠军，为希腊赢取了一枚意义重大的金牌。

不过奥运赛场的好运，并没有延续到康斯坦丁的政治舞台。1967 年，希腊发生军事政变，使登上王位仅 3 年的康斯坦丁二世开始了 37 年的海外流亡。1974 年，希腊全民公决废除了君主制。按照希腊法律，康斯坦丁二世于 1994 年失去了希腊公民身份，从此有家难回。直到 10 年后雅典奥运会时，这位希腊前国王才作为国际奥委会特邀嘉宾，重回祖国出席奥运会开幕式。

● 奥运趣闻

自1896年首届巴黎奥运会开始到2013年，共举办了29届夏季奥运会和21届冬季奥运会，无论是在项目设置、参赛规模还是选手成绩上都有着大幅提升。在这一体育盛会举行之际，世界各地的人们齐聚一堂，为了同一个目标而努力。因此，在奥运会期间也常常会发生不少趣闻趣事。

南瓜泳道 ＞

1896年，首届现代奥运会还没有游泳池，比赛是在冰冷的海水里进行的。游泳池的泳道堪称一绝，用水面上漂浮着的南瓜作为泳道标记。泳距也未经测量，凭感觉进行估计。比赛时，先用小轮船把运动员载离海岸，发令员估计距离

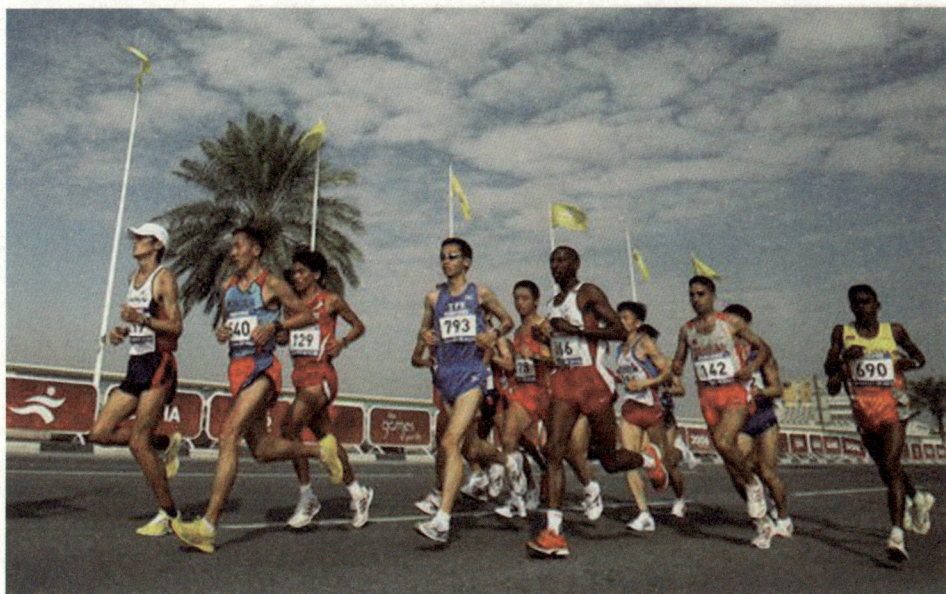

合适了，便发令让选手游回岸边，不求泳姿，自由发挥，以到达岸边的先后决定名次。

巧取金牌 >

第2届奥运会上，当时的200米跑比赛无弯道，是在直线跑道上进行的。处罚犯规的方法很奇特，被罚者要退后一码（约0.91米）起跑。美国的图克斯伯里见这规矩有机可乘，就在起跑时做了一个假动作，引诱其他运动员犯规，使他们都被罚退离起跑线一码（约0.91米）以外，自己略占便宜而巧取了金牌。

阴差阳错 >

1924年，法国巴黎第8届奥运会上，男子五项全能的第一名是芬兰的莱赫托宁，第二名为匈牙利的索菲。其实，当时的记时员听错了200米跑的成绩，把索菲的22.8秒错听为23.4秒，这样使本来总成绩第一的索菲成了亚军，又由于当时没有举行发奖仪式，索菲还自以为是冠军，一直蒙在鼓里。待索菲回家后，拆开奥委会寄来的邮包，看到是银牌才知道弄错了。他找到了当时的3位裁判，请他们出具了书面证明，但奥委会早有规定，成绩不可随意更动。索菲只能遗憾终身。

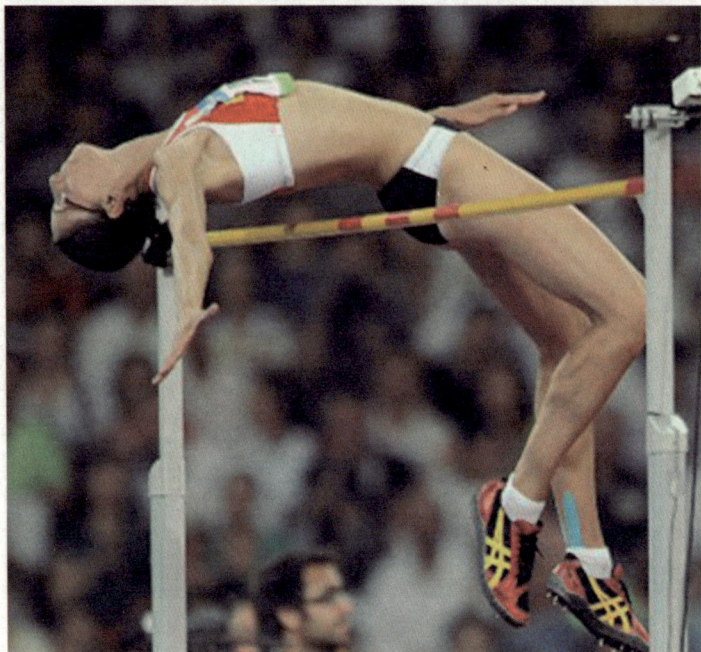

国19岁的黑人选手杜马参加跳高比赛时，竟然找不到领队和教练，运动场门口的看门人也不相信他是参赛的运动员，好说歹说都没有用，急得他无可奈何，只好自己买了一张门票才进去。入场后发现跳高比赛就要开始了，他顾不得再做准备活动，就急忙投入了比赛，最后竟以2.12米的成绩夺得冠军，并打破了世界纪

纪念友谊 〉

在1932年的第10届洛杉矶奥运会上，美国选手施莉获得了跳高的金牌，她十分感激另一位美国女选手迪特里卡逊。迪特里卡逊是该届奥运会跳高银牌的获得者。她们两人互相勉励，互相学习，建立了深厚的友谊。奥运会结束后，她俩把各自的奖牌对半切开，互换一半再接合起来，成为两块半边金半边银的奖牌，各留一块作为两人友谊的永恒纪念。

虚惊一场 〉

1956年第16届墨尔本奥运会上，美

112

录。

"沉重"的口香糖 ＞

在1976年举行的第21届蒙特利尔奥运会上，美国摔跤运动员法里纳赛前称体重时，指示灯亮了，表明他的体重已超过级别标准。他赶紧脱去背心，指示灯没有灭，他又把太阳镜扔到一边，灯仍然不灭。法里纳急了，低声骂了一句，顺口吐掉了嘴里的口香糖，就在这一刹那，指示灯灭了。他转忧为喜，得意扬扬地走上赛场。这小小的口香糖差点误了大事！

心有灵犀 ＞

在1980年第22届莫斯科奥运会赛艇项目比赛中，民主德国的兰德福格特孪生兄弟大出风头，其成绩无人可比。兄弟两人不仅体型、相貌、爱好等都十分相似，连他们娶的妻子也都是赛艇运动员。兄弟俩在双人无舵的比赛中，曾获1976、1980年两届奥运会冠军，从1974年开始多次荣登世界锦标赛榜首。孪生兄弟因

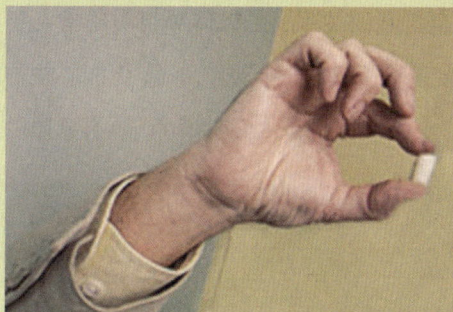

遗传基因关系，在集体项目中比常人更能配合默契，更能动作协调，更能心领神会。这大概就是人们常说的"心有灵犀一点通"吧！

喜结良缘 〉

在1984年第23届洛杉矶奥运会的开幕式上，闻名于世的美国田径运动员欧文斯的孙女亨普希尔作为火炬接力跑的最后一棒运动员进入运动场时，引起了美国拳击运动员第尔曼的注意。第尔曼在该届奥运会上获得了91公斤级拳击比赛的金牌。奥运会后，他俩相识了。亨普希尔很理解第尔曼所获得的金牌里蕴含着的酸甜苦辣，第尔曼则十分敬重亨普希尔受家庭和环境的熏陶而养成的勇敢而倔强的性格。经过3年的恋爱，1987年7月25日，他们终于在美国芝加哥大学举行了婚礼。

114

第3届奥运会开设金牌 ❯

现代奥运会是从第3届开始才设立金牌的。

由于在首届现代奥运会上，主办者希腊人觉得金子太俗气，其含义与古代奥林匹克运动的精神不符，所以只给单项比赛前两名运动员颁发奖牌，而且是冠军得银牌，亚军得铜牌。到了1904年第3届圣路易斯奥运会，考虑到通俗习惯，才首次给第一名颁发金牌。最早的奥运会金牌直径为30厘米，上面刻有"世界博览会——美国圣路易"的字样，另一面为饰有自由女神像和橄榄枝叶的图案。直到1928年第9届阿姆斯特丹奥运会，奖牌的图案和规格才正式统一，并一直沿用至今。

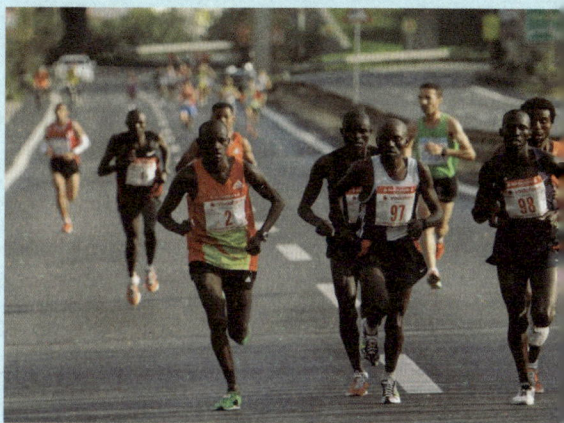

第一个冒牌冠军 ❯

在1904年美国圣路易斯举行的第3届现代奥运会的马拉松比赛中，出现了现代奥运史上第一个冒牌冠军。该届奥运会的马拉松比赛全程40千米，美国选手洛茨在比赛开始时一直处于领先地位，但当跑完12千米后，他便两腿抽筋，只得放弃比赛，搭车回运动场。当汽车行驶了17千米后，他感到体力有所恢复，又下车继续跑回体育场并第一个抵达终点。全场观众对他报以热烈的掌声，乐队奏起了美国国歌，他被授予一枚金灿灿的奖牌。但不一会儿，跑在洛茨后面的另一位美国选手希克斯进入会场，揭穿了洛茨的骗局。最后洛茨被取消资格，并受到美国代表团除名以及终身不得参加美国奥运代表团的处罚。本届奥运会的马拉松冠军由希克斯获得。

115

选手死后引发性别争议 ＞

在现代奥运会史上有不少选手闹出"性别不清"的笑话。波兰田径选手瓦拉谢维奇是其中最离奇的一位。瓦拉谢维奇1911年生于波兰。在1932年第10届洛杉矶奥运会上，她以11.9秒的成绩夺得女子100米冠军。当时裁判形容她简直不是在跑，而是在飞。1953年她已40多岁，但仍活跃于田坛上。在她整个运动生涯中，获得的各类奖牌达500枚之多，创造了田径史上的奇迹。1980年12月4日，年已69岁的瓦拉谢维奇在美国遭歹徒枪杀。第二天美国验尸官做出了爆炸性的结论：瓦拉谢维奇竟然是一名男性。这意味着"她"所有的成绩都是骗人的。但这一结论传出数月后，1981年2月，美国另一位验尸官又发表正式声明，称"瓦拉谢维奇活着和死去时都是女性"。根据这一判决，瓦拉谢维奇又还了女儿身。

"赤脚大仙"获马拉松金牌 ＞

24岁时才开始练长跑的埃塞俄比亚运动员贝基拉，1960年在第17届罗马奥运会上赤着双脚以2小时15分16秒2的成绩获得马拉松金牌。他也成为第一位夺得奥运会冠军的非洲黑人运动员。人们惊异地称他为"赤脚大仙"。

1964年第18届东京奥运会时，贝基拉已经32岁，赛前二十几天又刚动过手术，但他仍以2小时12分11秒2的成绩再次夺得马拉松金牌，并刷新了奥运会纪录，成为奥运史上第一个蝉联这个项目冠军的运动员。

"永久性"的比赛 〉

按照惯例,奥运会主办国的领导人要参加奥运会的开幕式并宣布奥运会开幕,而国际奥委会主席则应在闭幕式上讲话和宣布闭幕。在1952年赫尔辛基奥运的闭幕式上,时任国际奥委会主席西格弗里德·埃德斯特伦发表了精彩的演说,但在演说结束时,却忘记说这最重要的一句话:"我宣布第15届奥林匹克运动会闭幕!"因此这届奥运会被认为仍未结束,被人们称为"永久性"的比赛。

"奶奶"选手百米角逐 〉

你能想象得到一位44岁的"老"女人在奥运百米跑道上飞奔是什么样子吗?

44岁,在奥运短跑历史上绝对属于"奶奶级"。但是这不是搞笑,因为,这个女人名叫奥蒂。

对于中国观众而言,奥蒂是个熟悉的名字。这位前牙买加的田坛"常青树",在雅典奥运上参加了女子100米、200米和4×100米接力的比赛。这是她第7次参加奥运会,代表她新入籍的国家斯洛文尼亚来参赛。

的状态看，百米我应该能跑进半决赛，但我希望能进入决赛，得奖牌是没有希望了，但我还是要站到跑道上。"倔强的奥蒂说。

鼓错了掌 >

1900年，第2届巴黎奥运会上，获400米决赛资格的6名运动员中，美国占了5名。决赛定在星期天举行。其中3名美国运动员是虔诚的基督教信徒，他们宁可不参加决赛，也不肯放弃自己的宗教活动。最后只有2名美国选手和1名德国选手参加了决赛。当美国选手马克西朗以49.4秒的成绩率先到达终点时，一阵潮水般的掌声席卷而来，使他丈二和尚摸不着头脑。观众何以对他报以热烈的掌声？原来，他身着哥伦比亚大学蓝白相间的条纹背心，这正与巴黎赛马俱乐部的标志颜色一模一样，加上法国队在田径比赛中还没拿到一项冠军，焦躁的法国观众误把他当成了法国选手。此后，为了让观众能区分各国运动员，从1908年的第4届奥运会开始，各国运动员才统一穿着本国的运动员服装出现在奥林匹克运动场上。

7届奥运，也就是28年前，16岁的奥蒂就在跑道上追逐她的奥运金牌梦，但她始终和奥运会金牌无缘。奥蒂已经在世界锦标赛上获得过14枚奖牌、在奥运会上拿到8枚奖牌。她在35岁时，在世界锦标赛上夺得了200米金牌，成为世锦赛历史上该项目年龄最大的金牌选手。

奥蒂虽然一直无缘奥运金牌，但就是不肯认输。2003年在巴黎世界锦标赛上，她两手空空。2004年，奥蒂在国内奥运选拔赛上百米仅获第四。"以我目前

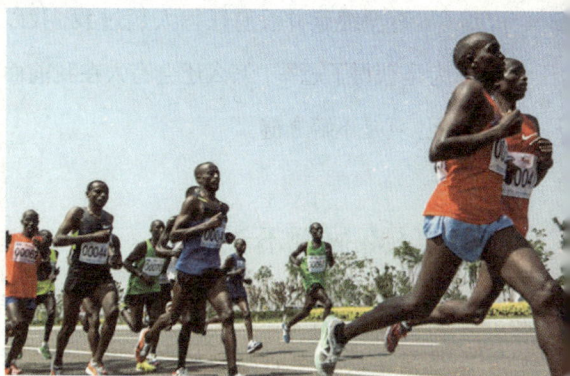

只有一人参加的决赛 〉

第3届奥运会上，在4人参加的400米跑决赛中，美国队占3人，英国选手霍尔斯韦在2号跑道。由于当时的400米跑是不分道次的，因此快到终点的时候便发生了冲突。3号跑道的罗宾从霍尔斯韦面前横切到里圈，1号跑道的卡彭特又斜刺里向终点冲去，霍尔斯韦为了超越他们，就绕道向前猛冲。这时，卡彭特故意用臂肘撞击霍的胸部，当霍尔斯韦跑在前面时，他又用手抓住人家的短裤，结果裁判发出了犯规的信号，并宣布比赛无效。两天后，决赛重新举行，只剩下霍尔斯韦、罗宾和泰勒获准参赛。然而，2名美国运动员却宣布退出比赛以示抗议。但根据比赛规程，决赛照样继续举行，霍尔斯韦单枪匹马地跑完了全程，以50秒的成绩取得了这块金牌。

不解之谜 〉

第3届奥运会上马拉松比赛的起点和终点均设在当作田径场的跑马场跑道上，路线是在巴黎市区转上一圈后再折回。这一天，巴黎市民纷纷拥上街头，观看这一体坛盛事。由于参加这次马拉松比赛的19名选手中只有法国选手对巴黎的大街小巷了如指掌，拐弯时可以"抄近路"，从而占了不少便宜。结果，法国选手泰阿托以2小时59分45秒的成绩率先到达终点，获得冠军。外国选手可倒了霉，跑着跑着就糊涂了，绕了不少的弯路，尤其是瑞典19岁的小伙子法斯特，本可以取得更好的成绩，却被一名警察指错了路，最终只获得第三名。美国选手牛顿赛后曾说："我跑过半程时就领先

了，直至终点并没有任何人超过我，我以为是获得了冠军，怎么还会有人在我前面呢？真是不解之谜。"

助人夺冠两不误 >

首届奥运会的千米公路自行车比赛是在运动场上而不是马路上进行的。运动员要在场内绕上300圈。出发后法国选手里昂·弗拉明一直领先，把对手拉下好几圈，拿冠军似乎没有太大的问题。突然，他发现希腊人科列蒂斯停了下来，原来是赛车坏了。当时比赛规则是不准更换赛车，修不好就只能退出比赛。里昂·弗拉明立即停下来帮助希腊选手修好赛车，再重登行程。最后他还是以3小时8分19秒2的成绩摘取桂冠。

比赛途中吃苹果 >

来自古巴哈瓦那的邮差菲利克斯·卡哈尔，在1904年第3届圣路易斯奥运会马拉松赛上，引起观众的注意。他赛前未接受过任何正规训练，比赛前身着长袖衫、长裤子和笨重的皮靴出现在起跑线上，好心的人们临时帮他剪短了

衫袖和裤管，并为他借来了一双轻便的鞋子。比赛开始他一直跑在前面，途中因饥渴难耐，便跑进一片果园，吃了几个苹果，因此与他人落下了距离，最后依然跑了个第4名。

旅游途中夺得金牌 ＞

在1896年首届奥运会上，英国牛津大学的学生博兰正好在雅典旅游，热爱网球的他外出旅行时总是随身携带球拍。他被赛场火热的气氛感染，遂现场报名，挥拍上阵。结果，他打遍全场无敌手，成为奥运史上第一个网球单打冠军。

未获冠军剃光头 ＞

1960年罗马奥运会上，前苏联标枪运动员奥卓林娜以5598米的成绩夺得冠军，被授予"功勋运动员"称号。4年后的东京奥运会上，奥卓林娜向教练发誓：拿不到冠军，宁愿剃光头！结果，奥卓林娜在比赛中没能实现愿望，夺得冠军。回国后，虽然没有遭到批评与责难，但奥卓林娜没有食言，还是剃了光头。

夫妻同日同场双夺冠 〉

1952年第15届芬兰赫尔辛基奥运会上，前捷克斯洛伐克长跑运动员埃米尔·扎托佩克和丹娜·扎托佩克娃夫妇同天登上奥运会冠军领奖台，这一故事成为奥运史上一段佳话，一直为人们津津乐道。

在这届奥运会田径比赛的第一天，埃米尔·扎托佩克便出师告捷，夺得10000米比赛的冠军。几天后，他又取得了5000米金牌。就在同一天，与他同年同月同日生的妻子丹娜·扎托佩克娃在女子标枪决赛中获得冠军，并成为前捷克斯洛伐克历史上首位获田径金牌的女选手。

夫妻同日比翼夺冠，双双登上了最高的领奖台。赫尔辛基体育场见证了他们的感情，也实现了他们在同一天夺得奥运会冠军称号的梦想。而这对冠军佳偶，也创造了奥运史上绝无仅有的夫妇冠军纪录，为赫尔辛基奥运会增添了一层喜庆色彩。

更令人惊奇的是，埃米尔·扎托佩克在之后的男子马拉松比赛中又摘取桂冠，拿到了该届奥运会的第三枚金牌。埃米尔·扎托佩克以他的传奇成就名垂奥运会青史，而他与妻子同日夺冠更成为赛场佳话。

潜入湖底摸金牌 〉

1956年，第16届墨尔本奥运会时，前苏联首次参加这个世界体育盛会的青年运动员伊万诺夫，在男子赛艇单人双桨无舵艇的决赛中，以8分2秒5的成绩夺得该项目的金牌。

走下领奖台后，他情不自禁地把金牌抛向空中以表达自己心中的激动。赛场两岸的观众也为他的胜利而欢呼跳跃。伊万诺夫每向上抛一次金牌，观众席上就传来一阵欢呼声。观众越喊越来劲，伊万诺夫也越抛越起劲儿。谁料乐极生悲，当他再一次将金牌抛向空中时，由于用力过猛，角度偏斜，金牌掉进了湖水之中。尽管前苏联队全体队员跳到湖中潜入水底摸捞良久，但终究未能替他找回那枚珍贵的金牌。金牌丢了，片刻之间伊万诺夫的情绪一落千丈。他整天愁眉苦脸，痛苦万分。

国际奥委会领导人不忍心看着这位优秀的青年选手心情沮丧地返回祖国，赶忙仿制了一枚"金牌"发给他。这是奥运历史上第一枚仿制的"金牌"。

数年之后，伊万诺夫卷土重来，相继参加了1960年第17届罗马奥运会和1964年第18届东京奥运会，并蝉联了男子赛艇单人双桨无舵艇的冠军，成为赛艇正式列入奥运项目后第一位获得单人双桨无舵艇"三连冠"荣誉的运动员。不过对于这后来的两枚金牌，伊万诺夫吸取了第一次的沉痛教训，再也不敢为逗引观众欢呼而把它们抛向空中了。

游泳教练是"旱鸭子"

美国奥林匹克游泳队教练员查尤尔，在美国体育界和奥林匹克大家庭以及世界泳坛中，不仅是权威教练，而且是一位为奥林匹克事业做出过巨大贡献的著名人物。

查尤尔在大学读书时是一名积极的体育活动分子，还是美式足球和田径两个项目的校队队员。大学毕业后，他当过飞行员、教师和中学校长，后来成为游泳队教练员。

查尤尔从事游泳运动的训练和教学工作后，为美国以及其他有关国家培养了不少世界级游泳巨星（如大名鼎鼎的"飞鱼"施皮茨就是出自他的门下）。他培养的这些得意门生，在奥运会游泳比赛和世界游泳大赛上，先后74次打破奥运会游泳纪录和62次打破世界游泳纪录；创造80次美国全国游泳纪录；夺得16枚奥运会的游泳项目金牌。

在一次奥运会上，美国游泳队取得了很突出的成绩，队员们兴高采烈，把他们的恩师查尤尔团团围住，后来索性把他抬了起来，不住地往上抛。嬉闹中，不知是哪位调皮鬼出了个"坏主意"，把查尤尔抛向了游泳池中。

教练沉下水池底，队员在池边哈哈大笑。好一阵子后，队员们发现不对劲了，查尤尔还没有浮出水面——原来这样一位培养出许许多多"水上蛟龙"的游泳教练，成天与游泳池打交道的运动家，竟是一位"不识水性"的"旱鸭子"！队员们一看大事不妙，于是迅速跳下池中，救起了查尤尔。从此以后，查尤尔是个"旱鸭子"的新闻就传开了。

点燃奥运圣火最特别的方式 〉

　　每届现代奥运会的开幕式上都会有点燃奥运圣火的仪式，甚至如何点燃主会场的火炬已经成为每届奥运会的一个看点。可您知道奥运会为什么会设立点火仪式吗？哪届奥运会首先设立了这个仪式？奥运圣火都有哪些奇特的点燃方式呢？

　　奥运圣火起源于希腊神话中普罗米修斯为人类盗取火种的故事。现代奥运会创立之初，并没有延续古代的习俗，直到1920年第7届安特卫普奥运会，人们为了纪念在一战中死去的人，在主会场点燃

幕式上进行圣火点燃仪式，火种必须采集自古奥运遗址——奥林匹亚。自此，采集奥运火种并进行圣火传递成为每一届奥运会必不可少的项目。

1936年第11届奥运会在柏林举行，该届奥运会正式举行了圣火仪式。1936年8月1日，德国男子田径选手希尔根点燃了奥运圣火台，他也作为奥运历史上第一位点燃圣火的运动员而被载入史册。

1968年，墨西哥城举办的第19届奥运会上，20岁的女子田径选手德索克罗登上了90级台阶点燃火焰，成为奥运会历史上第一位点燃奥林匹克圣火的女性。

现代奥运会自决定要在比赛期间燃烧圣火之日起便形成了点火仪式。其中有几届奥运会的点火仪式别具匠心，独出

了象征和平的火焰。不过这届奥运会并没有火炬传递活动，也没有举行奥运火种的采集仪式。

1928年，第9届奥运会在荷兰阿姆斯特丹举行，奥运组委会举行了点燃火炬仪式并举办了火炬传递活动。这是现代奥运会首次举行这种活动。直到1934年国际奥委会才正式决定，在奥运会期间，从开幕日到闭幕式，主会场要一直燃烧奥林匹克圣火，并在开

126

心裁。

最公平的点火仪式。1952年第15届赫尔辛基奥运会上，芬兰两位长跑老将

努米和科勒赫迈宁分享了点燃圣火的荣耀。努米手持火炬跑进体育场，首先点燃了设在场地的圣火台，然后将火炬交给64岁的科勒赫迈宁，由他点燃了设在83米高圣火台上的火炬。1976年加拿大蒙特利尔的奥运会火炬也是由两个人共同点燃的，点火人分别是16岁女孩亨德森和15岁男孩普雷方泰恩。

最感人的点火仪式。1996年第26届亚特兰大奥运会上，患有帕金森氏综合征的拳王阿里，用他颤抖的双手点燃了火炬，留下了奥运史上最感人的一刻。

最具和平意义的点火仪式。1964年第18届日本东京奥运会上，最后点燃圣火的是19岁的日本早稻田大学学生坂井义

则，他是日本广岛人，出生于广岛原子弹爆炸当天。奥林匹克火焰是和平的象征，由坂井义则点燃火焰，代表了人类向往和平共处的美好愿望。

最具融合性的点火仪式。1988年第24届汉城奥运会上，最后点燃圣火的是由象征体育、艺术和科技相结合的二男一女共同完成的。这届奥运圣火也就成为了融合之火。

最上镜的点火仪式。1992年第25届巴塞罗那奥运会点燃圣火的，是1984、1988年两届残奥会射箭运动员雷波洛。他用火种将箭头点燃，然后射向70米外的圣火台，圣火随之而起。

最有科技含量的点火仪式。2000年第27届悉尼奥运会上，凯茜·弗里曼在水中将圣火点燃，全世界的观众无不叹为观止。

127

图书在版编目（CIP）数据

不为人知的奥运百科 / 李应辉编著. -- 北京：现
代出版社，2016.7
ISBN 978-7-5143-5222-1

Ⅰ. ①不… Ⅱ. ①李… Ⅲ.①奥运会—通俗读物
Ⅳ.①G811.21-49

中国版本图书馆CIP数据核字（2016）第160702号

不为人知的奥运百科

作　　者：李应辉
责任编辑：王敬一
出版发行：现代出版社
通讯地址：北京市定安门外安华里504号
邮政编码：100011
电　　话：010-64267325　64245264（传真）
网　　址：www.1980xd.com
电子邮箱：xiandai@cnpitc.com.cn
印　　刷：汇昌印刷（天津）有限公司
开　　本：700mm×1000mm　1/16
印　　张：8
印　　次：2016年7月第1版　2021年7月第2次印刷
书　　号：ISBN 978-7-5143-5222-1
定　　价：29.80元